АрхиДрон
Пятый фасад современной Москвы

Spying on Moscow
A Winged Guide to Architecture

Fünfte Fassade
Moskau aus der Vogelperspektive

АрхиДрон
Пятый фасад современной Москвы

Денис Есаков (Фотографии), Карина Димер (Текст)

Spying on Moscow
A Winged Guide to Architecture

Denis Esakov (Photos), Karina Diemer (Text)

Fünfte Fassade
Moskau aus der Vogelperspektive

Denis Esakov (Fotos), Karina Diemer (Text)

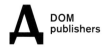
DOM publishers

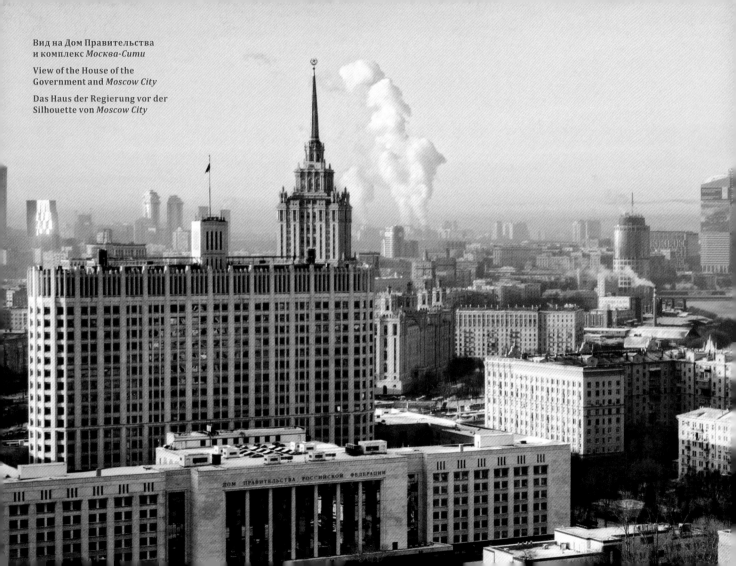

Вид на Дом Правительства
и комплекс *Москва-Сити*

View of the House of the
Government and *Moscow City*

Das Haus der Regierung vor der
Silhouette von *Moscow City*

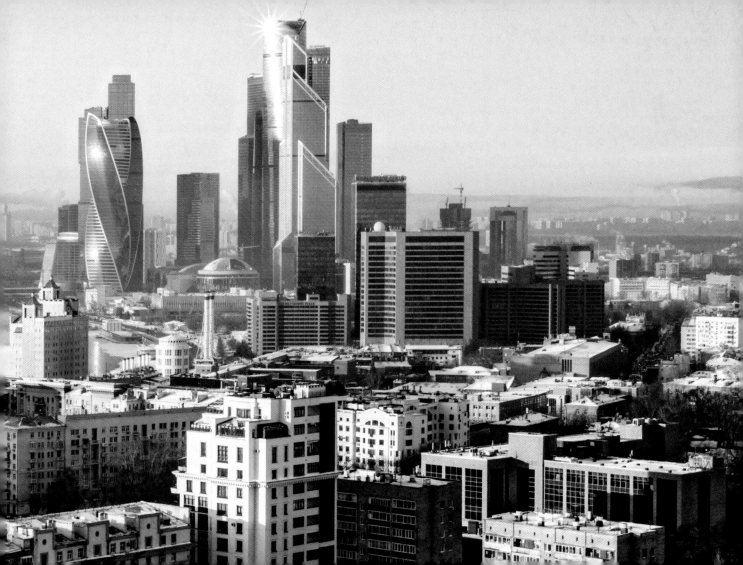

Карина Димер
Karina Diemer

АрхиДрон
Пятый фасад современной Москвы

Признаем: так уж устроены люди, что все скрытое, непредназначенное для человеческих глаз, вызывает у нас наибольший интерес. Любопытство уходит корнями в глубокое прошлое, как и желание вознестись над привычным миром и увидеть его с высоты птичьего полета. Реальные и умозрительные путешествия, технологии и искусство помогают нам совершенствовать знания о действительности и расширять границы видения. Именно угол зрения зачастую выявляет в знакомых предметах совершенно неожиданные черты и свойства. К примеру, поэт-гуманист Франческо Петрарка, чьи наблюдения о мире и человеке вот уже семь столетий не теряют своей ценности, подробно описывал свои горные походы. Открывавшаяся ему дивная панорама не просто радовала глаз и рождала стихотворные строки – увиденное позволяло задуматься о сути вещей, раскрыть что-то в самом себе.

В архитектурной фотографии избранные автором точка зрения и ракурс имеют принципиальное значение. Сборник фотографий Дениса Есакова содержит обзор семидесяти знаковых архитектурных объектов, построенных в Москве за последнее столетие. Этот альбом является первым фотоисследованием российской столицы, где помощником фотографа выступил радиоуправляемый дрон. Снимки Дениса Есакова создают мини-рассказ о каждом здании, собранный из трех фотографий. Две из них сделаны с воздуха (план и фасад), а одна – с земли. Мысленно поворачивая модель здания в своих руках, можно от плоскостного изображения перейти к трехмерному образу.

Spying on Moscow
A Winged Guide to Architecture

It has to be admitted: human nature is such that our interest is most aroused by everything that is concealed from and not intended to be seen by the human eye. Curiosity has its roots in the distant past, as does the desire to soar above the familiar world and see it from a bird's-eye perspective. Real and imaginary journeys, technologies, and art help us improve our knowledge of reality and extend the boundaries of vision. It is the viewing angle that often brings to light entirely unexpected characteristics and qualities in familiar objects. For instance, the humanist poet Francesco Petrarca, whose observations regarding the world and Man continue to be of value seven centuries later, left us a detailed description of his mountain walks, from which it is clear that the marvellous panorama of the landscape and its environs, which opened up to his gaze, was not just a joy to behold or an inspiration for poetry, but a stimulus that set him thinking about the essence of things and made it possible for him to discover something within himself.

In architectural photography the viewpoint and perspective chosen by the photographer are of fundamental importance. This collection of photographs by Denis Esakov, contains a survey of seventy iconic pieces of architecture built in Moscow over the last century. This album is the first photographic study of the Russian capital in which the photographer's assistant was a remote-controlled drone. Denis Esakov's photos create a small story about each building in three shots. Two of these shots are taken from the air (showing the building's layout and façade), while the third is from the ground. By doing so, the photographer gives the observer the feeling that one could hold the building in one's hand and contemplate it such a three-dimensional model.

Fünfte Fassade
Moskau aus der Vogelperspektive

Bekanntermaßen ruft Verborgenes und Unbestimmtes beim Menschen großes Interesse hervor. Neugier und der Wunsch, sich über die gewohnte Welt zu erheben, um sie aus der Vogelperspektive zu betrachten, treiben uns seit Urzeiten um. Reale und spekulative Reisen, Technologie und Künste helfen, das Wissen über die Wirklichkeit zu vervollkommnen und die Grenzen der Wahrnehmung zu erweitern. Gerade der Blickwinkel beeinflusst oft die Rezeption bekannter Objekte und ergänzt sie um unerwartete Details und Eigenschaften. Beispielhaft sei der Dichter und Geschichtsschreiber Francesco Petrarca erwähnt, dessen Betrachtungen über die Welt und den Menschen seit sieben Jahrhunderten Gültigkeit haben. Nachdem sich ihm auf seinen Bergtouren das wunderbare Panorama der Stadt und ihrer Umgebung erschlossen hatte, empfand er Freude und Inspiration für seine Gedichte. Das Erlebte veranlasste ihn aber auch, über das Wesen der Dinge nachzudenken und sich auf sich selbst zu besinnen.

In der Architekturfotografie sind der Standpunkt und der Blickwinkel des Fotografen von großer Bedeutung. Der von Denis Esakov zusammengestellte Bildband *Fünfte Fassade – Moskau aus der Vogelperspektive* gibt einen Überblick über 70 architektonisch bedeutende Objekte aus den vergangenen hundert Jahren. Es ist der erste Bildband über Moskau mit Fotos, die aus einer ferngesteuerten Drohne aufgenommen wurden. Denis Esakov erzählt so von jedem Gebäude eine kleine, aus drei Bildern bestehende Geschichte. Zwei Bilder sind aus der Luft aufgenommen und zeigen jeweils Grundriss und Fassade. Das dritte Bild präsentiert die Normalperspektive des ebenerdig stehenden Betrachters. Es ist, als könnte man das Objekt in die Hand nehmen und von mehreren Seiten als 3D-Modell betrachten.

Архитектура в искусстве и аэрофотографии. Предмет особого видения

Аэрофотография берет начало в двух различных областях – истории воздухоплавания и изобразительном искусстве.

Об опыте и бескрайнем стремлении человека к покорению высоты свидетельствует бездна источников. Старинные легенды повествуют о том, как изобретатели создавали механизмы, призванные поднять в воздух человека. Выдающийся инженер античности Дедал, чья история широко известна, сконструировал искусственные крылья, завоеватель Александр Великий дерзнул подняться в воздух в корзине, которая была привязана к телам двух огромных птиц.

Проекты и наблюдения художника и крупнейшего изобретателя эпохи Ренессанса Леонардо да Винчи послужили стимулом к развитию технологий. С появлением новых технических возможностей и научных открытий в области физики возникли и многочисленные модели летательных аппаратов. Русский ученый Михаил Ломоносов разработал модель беспилотного вертолета, братья Монгольфье создали воздушный шар, Александр Можайский построил модель аэроплана, которая, пусть и на мгновение, но все же оторвалась от земли, братья Райт известны всему миру как создатели первого управляемого человеком самолета. Летательный механизм вернулся в область искусства и философии, когда конструктивист Владимир Татлин, в буквальном смысле продолживший опыты Дедала и Леонардо да Винчи, создал аппарат «Летатлин». Летатлин, к сожалению, так никогда и не взлетел, но стал важнейшим примером синтеза технологии и искусства.

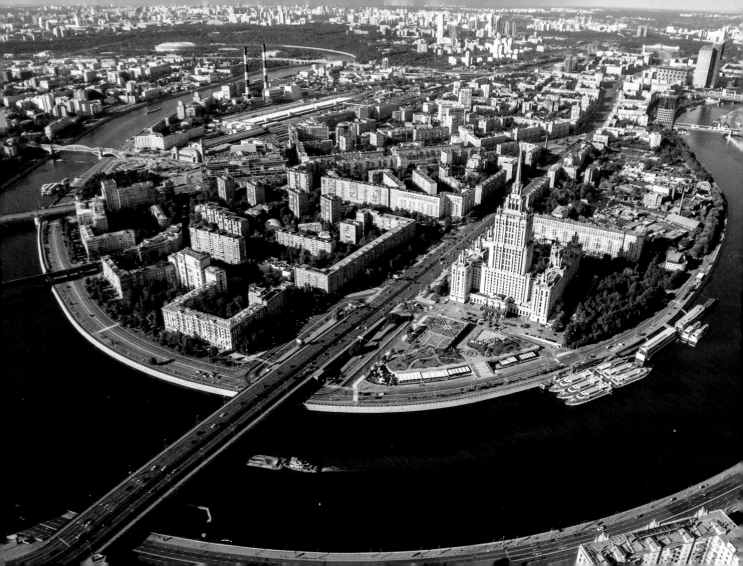

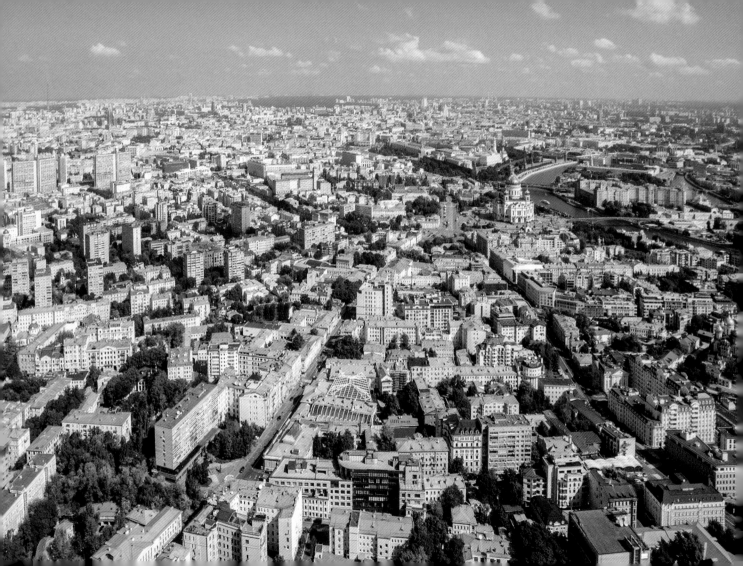

Architecture in art and aerial photography – an object for special vision

Aerial photography has its roots in two different fields: the history of human flight and fine art. Countless sources bear witness to Man's boundless desire to conquer heights. Ancient legends tell how inventors created machines designed to lift Men into the air. As the well-known story goes, Daedalus, the outstanding engineer of antiquity, built himself artificial wings. Alexander the Great was bold enough to ascend into the air in a basket tied to the bodies of two enormous birds.

The designs and observations of the artist and greatest Renaissance inventor Leonardo da Vinci served as a stimulus for technological development. The emergence of new technologies and scientific discoveries in physics led to the creation of numerous models of flying machines. The Russian scientist Mikhail Lomonosov devised a model of an unmanned helicopter; the Montgolfier brothers created a hot-air balloon; Aleksandr Mozhaysky built an aeroplane – which actually left the ground, if only for an instant. The Wright brothers are known to the entire world as creators of the first man-controlled airplane. The flying machine returned to the field of art and philosophy when the Constructivist Vladimir Tatlin, who literally continued the experiments made by Daedalus and Leonardo, created the *Letatlin* – a machine that regrettably never actually took off, but provided an extremely important example of the synthesis of technology and art.

In painting and graphic art, interest in architecture and the city as the principal heroes in a work of art first made a strong showing with the veduta painters in the eighteenth century. The veduta, a highly detailed reproduction of

Architektur in der Kunst und in der Luftbildfotografie – Gegenstand besonderer Betrachtung

Die Luftbildfotografie hat ihren Ursprung in zwei verschiedenen Bereichen: in der Geschichte des Fliegens und in der darstellenden Kunst. Unmengen von Quellen belegen das grenzenlose Streben des Menschen nach der Eroberung der Lüfte. Aus frühen Quellen geht hervor, welche Mechanismen sich unruhige Geister haben einfallen lassen, um dem Menschen den Traum vom Fliegen zu erfüllen. Daidalos, der mythische Erfinder und Baumeister der Antike, konstruierte künstliche Vogelschwingen, der Eroberer Alexander der Große soll sich mit einem Korb in den Himmel erhoben haben, der an zwei riesigen Vögeln befestigt war.

Die Projekte und Betrachtungen des berühmtesten Künstlers und Gelehrten der Renaissance, Leonardo da Vinci, dienten der Nachwelt als Ansporn zur Weiterentwicklung verschiedenster Technologien. Neue technische Möglichkeiten und wissenschaftliche Entdeckungen auf dem Gebiet der Physik führten dazu, dass zahlreiche Modelle von Luftfahrzeugen entwickelt wurden. Der russische Wissenschaftler Michail Lomonossow erfand den unbemannten Hubschrauber, die Gebrüder Montgolfier konstruierten den Heißluftballon, der russische Luftfahrtpionier Alexander Moschaiski baute das erste Motorflugzeug, die Brüder Wright konzipierten das erste Doppeldecker-Motorflugzeug. Das Prinzip des Fliegens tauchte in der Kunst und Philosophie wieder auf, als der Konstruktivist Wladimir Tatlin die Erfahrung von Daidalos und Leonardo da Vinci quasi weiterführte und das Fluggerät *Letatlin* ersann. Letatlin hat den Erdboden nie verlassen, wurde aber das berühmteste Beispiel für die Synthese von Technik und Kunst. In der Malerei und Grafik tauchte das Interesse an Architektur und Stadtansichten als Hauptakteur

В живописи и графике интерес к архитектуре и городу как главным «героям» произведения впервые ярко проявился в творчестве художников-ведутистов XVIII века. Ведута (*от итальянского veduta – «вид»*), столь детально передающая городской пейзаж и использующая фигуры людей и животных лишь как второстепенное дополнение – стаффаж, – стала весьма популярным жанром. Несмотря на видимую реалистичность городского пейзажа, детальность и убедительность в нем не всегда сочетаются с топографической точностью, ведь художник конструирует композицию по своему усмотрению. Ведута и архитектурная фантазия XVIII века достигли своей кульминации в гравюрах Джованни Баттиста Пиранези. А в XIX и XX столетиях появилось множество новых трактовок темы города: его воспевали и опасались, воспринимали как живое существо и использовали как метафору.

Вспомним документально точные картины Федора Алексеева, вибрирующие и переменчивые городские пейзажи импрессионистов, узнаваемые парижские виды в живописи Альбера Марке, словно левитирующего с холстом в руках и соединяющего в одном произведении разные ракурсы, застывшие площади и здания в работах де Кирико, фантастичные архитектурные композиции Якова Чернихова, фотореализм Ричарда Эстеса. Тема архитектуры обращает на себя внимание и фотохудожников. Уже с конца XIX века архитектурные фотографы считаются мастерами отдельного направления. Одни авторы стремятся создать образы, уникальные и независимые от реального предмета изображения. Играя с ритмом и линией, освещением и фактурой, ракурсом и формой, эти фотографы мыслят снимок как объект искусства, зачастую пренебрегая объективностью ради художественности и эмоциональности.

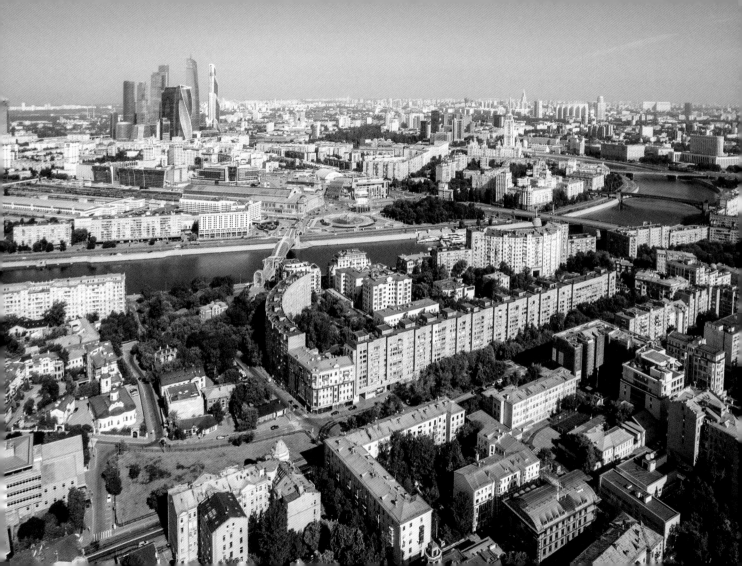

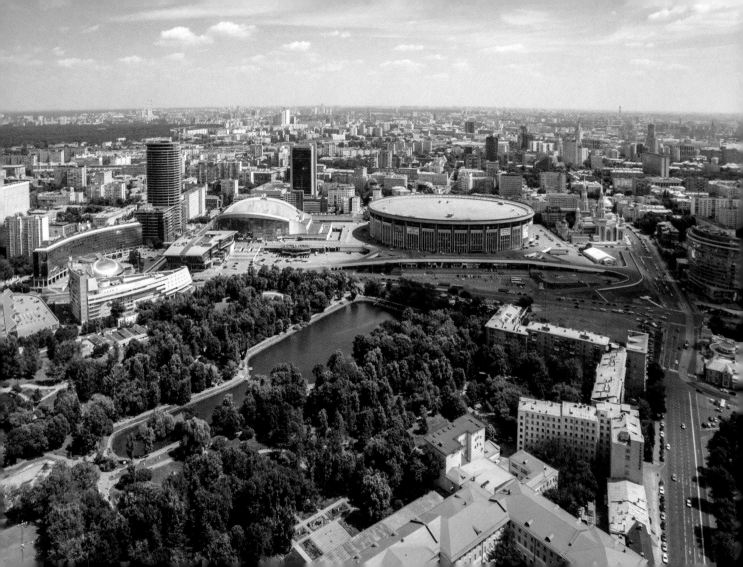

an urban landscape in which people and animals are used only as a secondary additions, became a highly popular genre. In spite of the clearly realistic quality of the urban landscape, here detail and persuasiveness do not always go hand in hand with topographical precision – given that the artist designs his compositions at his own discretion.

The eighteenth-century veduta and architectural fantasy reached their apogee in the engravings of Giovanni Battista Piranesi. The nineteenth and twentieth centuries brought numerous new interpretations of the theme of the city: the city was lauded, feared, perceived as a living organism, and used as a metaphor. Here we could recall: the paintings of Fedor Alekseev – paintings that have a documentary precision; the vibrating and changeable urban landscapes of the Impressionists; the easily recognisable views of Paris in the paintings of Albert Marquet, who seems to be levitating with a canvas in his hands and who brings different viewing angles together in a single work; the frozen squares and buildings in the works of de Chirico; the fantastic architectural compositions of Yakov Chernikhov; and the photorealistic works of Richard Estes.

But it is not just artists who have been interested in architecture as a theme. Since the end of the nineteenth century, architectural photographers have been considered masters of a distinct genre. Some of these photographers endeavour to create images that are unique and independent of the real object that is depicted. Playing with rhythm and line, lighting and texture, they conceive of their photographs as independent objects of art, frequently ignoring objectivity for the sake of artistic and emotional qualities.

There are also those who take the opposite point of view – who to one extent or another strive for naturalism and accuracy of depiction. Following the architect's concept, they record the image of the building as it actually is.

des Werks erstmalig in der Vedutenmalerei des 18. Jahrhunderts auf. Die Vedute (italienisch *veduta* für *Ansicht*) war die wirklichkeitsgetreue Darstellung einer Landschaft oder eines Stadtbildes, bei der Menschen und Tiere eine untergeordnete Rolle spielten und nur als Staffage dienten. Trotz der angestrebten Wirklichkeitstreue der Darstellung des jeweiligen Stadtbildes entsprach die Detailfülle nicht immer den topografischen Gegebenheiten, da der Künstler die Komposition nach eigenem Ermessen umsetzte.

Die Vedute und die Architekturfantasie des 18. Jahrhunderts erreichten ihren Höhepunkt in den Radierungen von Giovanni Battista Piranesi. Im 19. und 20. Jahrhundert kam eine Vielzahl neuer Darstellungen des Stadt-Themas hinzu, in denen die Stadt entweder verherrlicht oder verflucht wurde. Mal wurde sie als lebendiger Organismus dargestellt, mal als Metapher genommen. Dazu zählen die dokumentarisch genauen Landschaftsmalereien von Fjodor Alexejew ebenso wie die vibrierenden, wechselhaften Stadtlandschaften der Impressionisten, die fauvistischen Pariser Darstellungen von Albert Marquet, in denen mehrere Blickwinkel in ein- und demselben Bild gezeigt wurden, die erstarrten Plätze und Gebäude im Werk von Giorgio de Chirico, die Architekturfantasien von Jakow Tschernichow oder die fotorealistischen Arbeiten von Richard Estes. Nicht nur Maler interessierten sich für die Architektur. Ende des 19. Jahrhunderts nahmen sich Architekturfotografen dieses Themas an und begründeten ein neues Genre. Sie schufen einzigartige, das Objekt verfremdende Bilder. Sie spielten mit Rhythmus und Linien, mit Belichtung und Brüchen, mit Blickwinkel und Form und sahen das Bild als eigenständiges Kunstwerk. Sie vernachlässigten dabei oft die Objektivität zugunsten des künstlerischen Ausdrucks und der emotionalen Wirkung. Es gibt aber auch die Vertreter der entgegengesetzten Richtung. Ihnen ist Natürlichkeit und Authentizität wichtig. Sie folgen den Grundsätzen

Есть и адепты противоположной точки зрения, которые в большей или меньшей степени стремятся к натурализму и достоверности. Следуя за замыслом архитектора, они фиксируют фактический образ постройки. Их работы несут нам знания об архитектурных тенденциях и городской среде, и, опосредованно, об эпохе, образе жизни людей и идеологии.

Первые съемки городов с воздуха относятся к середине XIX века. Смельчаки-воздухоплаватели – Гаспар Феликс Турнашон (Надар), Джеймс Воллес Блек и другие – своими снимками с аэростата начали новый этап в развитии фотографии, ведь ракурсы, масштабы и композиция при съемке с воздуха воспринимаются совершенно иначе. Аэросъемка скоро стала самостоятельным жанром, который оказался востребован и в различных областях жизни и науки, и в художественной сфере.

Сегодня же воздушный шар – это прекрасный романтический аттракцион, но далеко не единственный способ поднять фотографа в небо: в распоряжении автора есть и спутники, и самолеты, и беспилотники. Благодаря технологиям в наше время камера способна даже стать «вторыми глазами» фотографа. К примеру, миниатюрная GoPro может следовать за человеком повсюду и передавать качественную картинку от первого лица. Интересно, что своеобразными предшественниками радиоуправляемого фотодрона можно считать почтовых голубей, использовавшихся для аэросъемки в начале XX века. Современный же дрон, несмотря на то, что он подобно голубю удаляется от фотографа на значительное расстояние, связан с ним гораздо сильнее. Благодаря специальному пульту фотограф управляет дроном и видит все то, что открывается аппарату. Фотограф, даже находясь вдали от объекта, координирует процесс и создает осмысленный, по-настоящему авторский снимок.

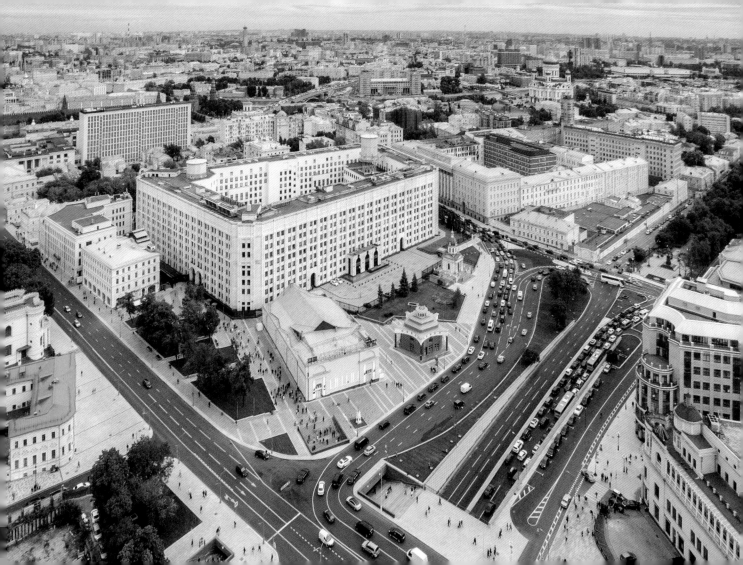

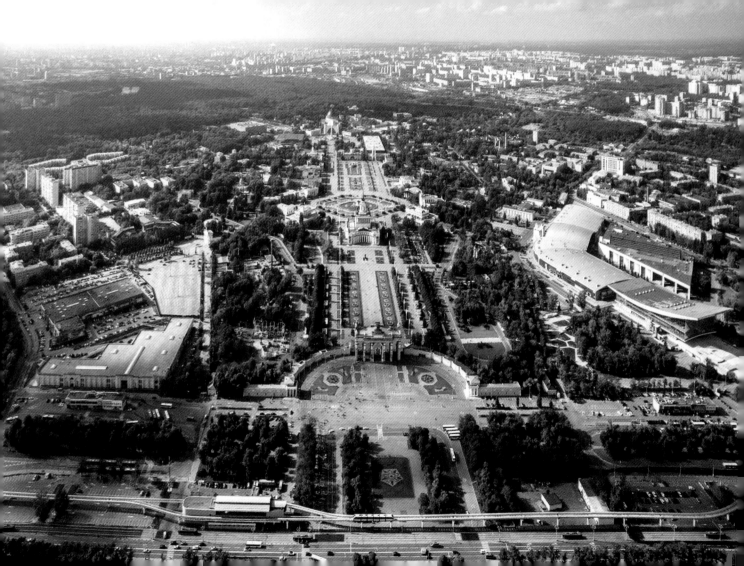

Their works bring us knowledge of the trends in architecture and the urban environment and, indirectly convey details about the corresponding epoch, people's lifestyle, and the ideology of a distinct period.

The first photographs of an urban environment taken from the air date to the middle of the nineteenth century. With their bold shots taken from hot-air balloons, aeronauts such as Gaspard-Félix Tournachon (aka Nadar) and James Wallace Black launched a new stage in photography, introducing completely different viewing angles, scales, and compositions. Aerial photography quickly became a genre in itself, and one that was in high demand in various fields of life, science, and art.

Today the hot-air balloon is a romantic attraction, but by no means the only way of raising the photographer into the skies in either the literal or metaphorical sense. Modern photographers can call upon satellites, airplanes, and drones. Technology even makes it possible for a camera to become a photographer's second set of eyes. For instance, a miniature *GoPro* camera fixed to a photographer's head can follow a person everywhere and transmit first-hand, high-quality pictures.

The remote-controlled photographic drone had a kind of prototype in the postal pigeon – which was much used for aerial photography, especially in the early twentieth century. Like the pigeon, today's unmanned drone functions at a considerable distance from the photographer, but has a much closer link with the latter. A special remote control enables the photographer to guide the drone and see everything that the machine sees. By completely controlling the process, the photographer, even when situated at great distance from the object, is able to take properly thought-out shots that are truly works of creativity.

der Architektur und halten die reale Gestalt des Gebäudes im Bild fest. Deren Arbeiten liefern Erkenntnisse über Trends in der Architektur und Stadtplanung und vermitteln uns Details über die jeweilige Epoche, den Lebensstil und die Ideologie einer bestimmten Zeit.

Im 19. Jahrhundert tauchten die ersten Luftbilder von Stadtlandschaften auf. Die kühnen und waghalsigen Fotografen Gaspard-Félix Tournachon (alias Nadar), James Wallace Black und andere läuteten mit ihren Fotos aus dem Heißluftballon eine neue Ära der Fotografie ein, da die Blickwinkel, Größenverhältnisse und Kompositionen bei der Luftbildfotografie ganz andere Wahrnehmungs- und Gestaltungsmöglichkeiten erlaubten. Die Luftbildfotografie wurde bald ein eigenständiges Genre, das in verschiedenen Lebensbereichen, in der Wissenschaft und in der Kunst nachgefragt wurde.

Heutzutage ist der Heißluftballon eine romantische Attraktion, aber längst nicht mehr die einzige Möglichkeit für einen Fotografen, direkt oder indirekt in den Himmel zu kommen. Die Fotografen von heute können auf Hilfsmittel wie Satelliten, Flugzeuge und Drohnen zurückgreifen. Dank neuer Technologien ist die Kamera zum zweiten Auge des Fotografen geworden. Die Minikamera *GoPro* beispielsweise kann auf dem Kopf befestigt werden und dem Träger überallhin folgen und dabei hochauflösende Bilder aus erster Hand liefern.

Die ferngesteuerte Drohne kann in direkter Nachfolge der Brieftaube gesehen werden, die zu Beginn des letzten Jahrhunderts in der Luftbildfotografie für Luftbildaufnahmen eingesetzt wurde. Die moderne führerlose Drohne, die ja – ähnlich wie die Taube – in großer Distanz zum Fotografen ihre Arbeit verrichtet, ist gleichzeitig eng mit ihm verbunden. Dank einer Spezialsteuerung bewegt der Fotograf die Drohne und sieht alles, was ihm die Kamera zeigt. Auch bei großer Entfernung von der Kamera koordiniert er den Prozess und drückt bewusst in einem bestimmten Moment den Auslöser.

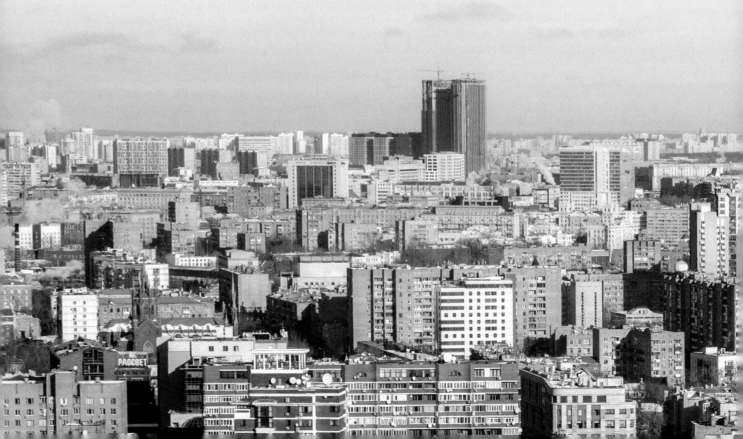

Вид на Останкинскую телебашню
из здания гостиницы Украина

View from the Ukraina Hotel
to the Ostankino Television Tower

Blick vom Hotel Ukraina auf
den Ostankino-Fernsehturm

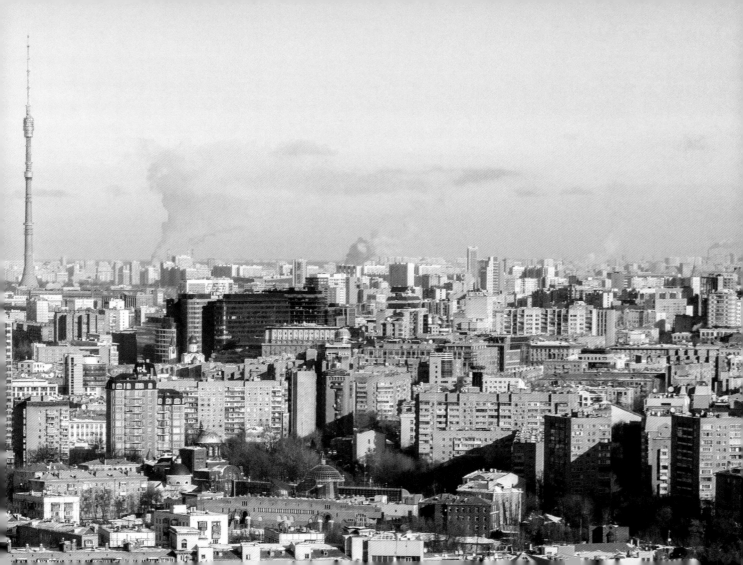

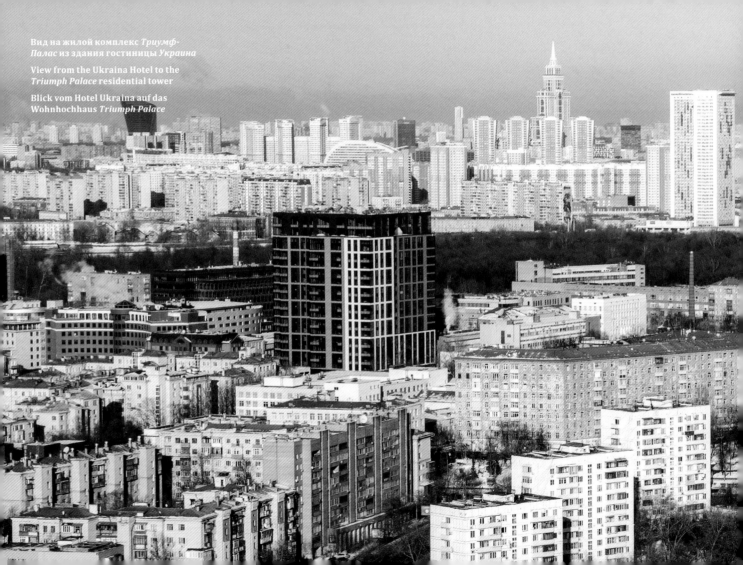

Вид на жилой комплекс *Триумф-Палас* из здания гостиницы *Украина*

View from the Ukraina Hotel to the *Triumph Palace* residential tower

Blick vom Hotel Ukraina auf das Wohnhochhaus *Triumph Palace*

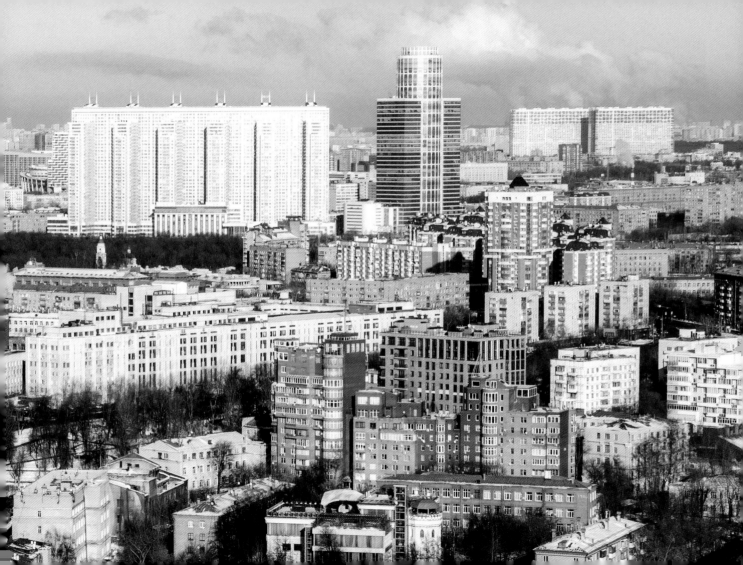

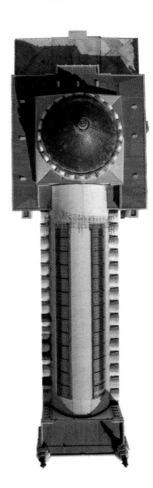

Павильон Космос/Машиностроение, ВДНХ

Space/Machine Engineering Pavilion, VDNKh

Pavillon Weltraum und Maschinenbau, WDNCh

Пятый фасад Москвы

Прохожий видит здание в контексте архитектурной среды, а свое внимание концентрирует на фасаде. Архитектор и инженер воспринимают объект через призму своей профессии, ставя во главу угла конструкцию и планировку. Урбанисты мыслят отдельные постройки как элементы городского ансамбля. А архитектурный фотограф может запечатлеть здание с точки зрения любого из перечисленных, и не только. Он, подобно талантливому актеру, способен перевоплотиться в случайного прохожего, стать художником-абстракционистом или строгим документалистом.

В серии Дениса Есакова «Пятый фасад» сильна рациональная составляющая, но есть и эмоциональная, которая дарит нам ощущение полета над городом, открывает новую эстетику в том, что доселе казалось нам знакомым или стало обыденным.

На стыке документальной и художественной архитектурной фотографии Есакову удается создать работы в духе *Straight photography* (Честной фотографии), сочетающие оригинальность формата-серии и максимальную достоверность.

Набирающая популярность техника съемки с беспилотника дает нам возможность пролететь над знакомыми зданиями и увидеть их – обычно скрытый от наших глаз «пятый фасад» – вид здания сверху. Модель здания, которую можно рассмотреть со всех сторон, до недавнего времени была доступна только самому архитектору и заказчикам. Благодаря технологиям обладатель настоящего альбома сможет увидеть московские достопримечательности с точки зрения архитектора. В фотосерии «Пятый фасад» автор не пытается выделить какой-либо отдельный элемент, его

Moscow's Fifth Façade

Passers-by see a building in the context of its architectural setting, but focus their attention on its façade. Architects and engineers perceive buildings through the prism of their professions, putting the emphasis on load-bearing structure and layout. Urbanists conceive of individual buildings as elements of an urban ensemble. The architectural photographer, meanwhile, may photograph a building from the point of view of any of the above – and still have other options. Like an actor, this kind of photographer is capable of taking on the guise of a casual passer-by or of becoming an artist (whether an abstract artist or a strict realist).

Denis Esakov's *Fifth Façade* series is strong on rationalism, but also contains an emotional aspect, which gives us a feeling of soaring above the city and reveals a new aesthetic in what until this point has struck us as familiar or absolutely ordinary. Balancing on the border between documentary and artistic architectural photography, Esakov manages to create works in the spirit of *straight photography*, which combine originality of format and maximal accuracy of depiction.

The increasingly popular technique of drone photography gives us the ability to fly over familiar buildings and to see them from above, exposing the *fifth façade* that is usually concealed from our eyes. Until recently, it was only architects themselves and their clients who had the opportunity to examine models of buildings and see them from all sides. Now technology enables the possessor of the *Winged Guide* to see Moscow's sights from the architect's point of view.

In his *Fifth Façade* series, Denis Esakov does not try to pick out individual parts of a building; what interests him is the building as a whole. Rejecting purely artistic effects, decorativeness, and attempts to transform reality into something

Die fünfte Fassade von Moskau

Ein Fußgänger sieht ein Gebäude im Kontext der Stadtlandschaft, sein Hauptaugenmerk gilt der Fassade. Architekten und Ingenieure sehen das Gebäude durch das Prisma ihrer Zunft und nehmen vor allem die Konstruktion und den Entwurf wahr. Urbanisten betrachten einzelne Bauten als Elemente des Stadtensembles. Der Architekturfotograf kann sich sein Bild aus all den vorgenannten Perspektiven zusammensetzen. Wie ein Schauspieler kann er in verschiedene Rollen schlüpfen, in die des Passanten, in die des abstrakten Künstlers oder des Dokumentars.

In der Fotoserie von Denis Esakov hat die *fünfte Fassade* eine streng rationale Komponente. Allerdings haben die Fotos auch eine emotionale Seite, weil sie dem Betrachter das Gefühl geben, über der Stadt zu fliegen und eine neue Ästhetik in dem wahrzunehmen, was bekannt oder alltäglich schien. Zwischen Dokumentarfotografie und künstlerischer Architekturfotografie gelingt es Esakov, ein Werk im Geist der *straight photography* (reine Fotografie) zu schaffen, das die Originalität des Serienformats mit maximaler Authentizität verbindet.

Die beliebte Technik, Fotos mit einer Drohne aufzunehmen, ermöglicht dem Betrachter, über bekannte Gebäude zu fliegen und die normalerweise für die Augen unsichtbare *fünfte Fassade* von oben zu sehen. Das 3D-Modell eines Gebäudes war bislang nur dem Architekten und dem Bauherren vorbehalten. Dank der neuen Technologien kann der Betrachter des Bildbandes die Sehenswürdigkeiten der Stadt aus der Perspektive des Architekten sehen. In der Fotoserie *Fünfte Fassade* fokussiert sich der Fotograf nicht auf ein einzelnes Detail, ihn interessiert das Gebäude in seiner Gesamtheit. Ohne auf künstlerische Effekte, dekorative Elemente und Transformationen anderer Art zurückzugreifen, hat Denis Esakov die Serie über ein Jahr lang bearbeitet, um ein Portfolio von jedem einzelnen

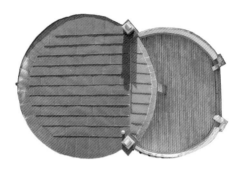

Дом-мастерская К. С. Мельникова

Konstantin Melnikov's Studio House

Wohnhaus und Studio von Konstantin Melnikow

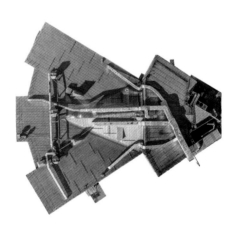

Дом культуры им. И. В. Русакова

Rusakov Workers' Club

Russakow-Arbeiterklub

интересует здание целиком. Отказавшись от чисто художественных эффектов, декоративности и попыток трансформировать образы действительности во что-то иное, Денис Есаков более года скрупулёзно работал над серией, чтобы создать «объемный портрет» каждого здания. Фотограф приглашает читателя потренировать свое восприятие и вникнуть в суть каждого архитектурного сооружения, представленного тремя ракурсами.

Денис Есаков «обнажает» архитектуру, показывая то, что нам видеть непривычно – крышу, купол, различные коммуникации, особенности плана с высоты птичьего полета. Дрон со встроенной камерой помогает избежать перспективного искажения, которое зачастую свойственно съемке с земли. В то же время мы видим, как объект при съемке сверху из объемного становится двухмерным, и фотография подчеркивает эту плоскостность и орнаментальность, открывая новую городскую эстетику или выявляя недостатки городской среды. Архитектурная аэрофотография позволяет не только увидеть здание сверху, но и понять, каким образом оно встраивается в городской ландшафт или организует его.

Фотолетопись Москвы

Денис Есаков охватывает несколько важнейших этапов в истории московской архитектуры. Период конструктивизма открывает ажурная **Шаболовская телебашня**, построенная в 1922 году инженером и изобретателем Владимиром Шуховым. Сверху эта гиперболоидная конструкция напоминает птичье гнездо, свитое из металлических прутьев. Совершенно иначе башня воспринимается с привычной точки зрения.

else, Denis Esakov spent more than a year painstakingly working on his series in order to create a volumetric portrait of each building. He invites the reader to train his or her perception and to penetrate the essence of each architectural structure shown from three points of view.

Denis Esakov *lays architecture bare*, showing things that we do not usually see – roofs, domes, utilities systems, and distinctive layout features – from a bird's-eye perspective. His drone with a built-in camera makes it possible to avoid the perspectival distortion that is often characteristic of photographs taken from the ground. At the same time, we see how, when photographed from above, structures become two-dimensional. The photograph underlines this flatness and ornamentality, revealing a new urban aesthetic or pointing out flaws in the urban environment. Architectural aerial photography enables us not just to see buildings from above, but also to understand how these buildings fit into the urban landscape or organise the latter.

Photographic chronicles of Moscow

This book covers several extremely important periods in the history of Moscow architecture. The Constructivist period begins with the **Shabolovskaya radio tower**, built in 1922 to a design by the engineer and inventor Vladmir Shukhov. Seen from above, this hyperboloid structure resembles a bird's nest woven from metal twigs. The tower looks entirely different when viewed from the usual angle. Seen from the air, **Konstantin Melnikov's experimental house** (1927–1929), a symbol of Moscow Constructivism and one of the most surprising buildings in the world, looks just as extraordinary as when seen from the ground. The interlinked small cylindrical volumes concealing the unique inner layout of this studio-house are clearly legible.

Gebäude anzulegen. Er fordert den Betrachter, seine Wahrnehmung zu schulen und das Wesen der Gebäude aus drei Blickwinkeln zu erfassen.

Denis Esakov *enthüllt* die Architektur und zeigt uns ungewohnte Perspektiven von einem Dach, einer Kuppel, von Verbindungsachsen und von Besonderheiten im Grundriss aus der Vogelperspektive. Mit der eingebauten Kamera in der Drohne können perspektivische Verzerrungen, die beim Fotografieren aus Normalsicht unvermeidbar ist, verhindert werden. Gleichzeitig sieht man, wie das Objekt bei der Luftaufnahme anhand von Schrägbildern zweidimensional wird. Diese Art der Fotografie betont die Flächigkeit und die Ornamentik, bietet eine neue Stadtrezeption oder offenbart Defekte des Stadtraums. Die Luftbildfotografie ermöglicht die Sicht von oben auf ein Gebäude und offenbart, wie es sich in die Stadtlandschaft integriert oder sie organisiert.

Fotomalerei von Moskau

Der Bildband umfasst mehrere wichtige Epochen in der Geschichte der Moskauer Architektur. Die Epoche des Konstruktivismus eröffnet der kunstvolle, 1922 von dem Ingenieur und Konstrukteur Wladimir Schuchow konzipierte **Schabolowka-Radioturm** (Schuchow-Radioturm). Von oben erinnert die hyperbolische Konstruktion an ein Vogelnest aus Metallstäben. Aus der gewohnten Bodenperspektive sieht der Turm völlig anders aus.

Ein Symbol des Moskauer Konstruktivismus und eines der außergewöhnlichsten Gebäude der Welt ist das experimentelle **Wohnhaus von Konstantin Melnikow** (1927–1929), das aus der Luft genau so ungewöhnlich aussieht wie vom Boden aus. Die beiden sich aneinander schmiegenden zylindrischen Baukörper verbergen die einzigartige Innenraumgestaltung des Meisterhauses.

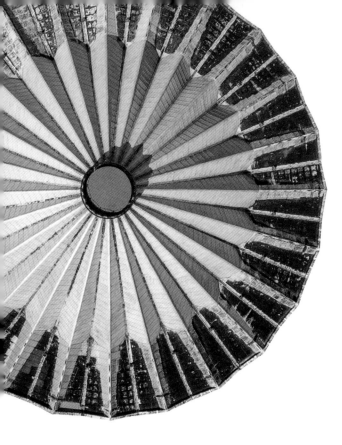

Символ московского авангарда и одно из самых удивительных зданий в мире – **экспериментальный дом Константина Мельникова** (1927 – 1929 гг.) – с воздуха выглядит столь же необычно, сколь и с земли. Ясно считываются врезанные друг в друга камерные цилиндрические объемы, скрывающие неповторимую внутреннюю планировку дома-мастерской.

Убедиться в том, насколько разными могли быть интерпретации идеи конструктивизма, позволит **1-й Дом советов ЦИК и СНК СССР** или Дом на Набережной (1928 – 1931 гг.), спроектированный Борисом Иофаном. Это не просто дом, а один из первых жилых комплексов, мини- вселенная со сложной инфраструктурой. Съемка с дрона позволяет увидеть это грандиозное и невероятно сложное для восприятия сооружение как единый ансамбль, состоящий из системы дворов неправильной формы и округлых объемов кинозала и клуба ВЦИК имени Рыкова (ныне Московский театр Эстрады).

Одно из сооружений, выглядящих особенно эффектно при взгляде сверху, – бывшее **здание Всесоюзного центрального совета профессиональных союзов – ВЦСПС** – построено архитектором Александром Власовым в 1931–1958 гг. Динамичные зигзаги шести соединенных корпусов, изначально предназначенных для студенческого общежития Коммунистического университета, отсылают к авангардным геометрическим композициям. Примечательно, что фасады здания отражают стремительно меняющиеся архитектурные тенденции того времени. Углы зигзага богато оформлены классицистическими элементами – арочными лоджиями и перспективными кессонами.

Здание Центросоюза, построенное по проекту Ле Корбюзье в 1928 – 1936 гг., – один из наиболее известных примеров интернационального стиля в Москве.

An idea of how differently the ideas of Constructivism might be interpreted may be gained from the **First House of the Councils of the Central Executive Committee and the Council of People's Commissars of the USSR**, otherwise known as the House on the Embankment (1928–1931). Designed by Boris Iofan, this is not simply a house, but one of the first residential complexes – an entire mini-universe. Drone photography allows to see this structure, so large and incredibly difficult to perceive, as a coherent whole: a system of irregularly shaped courtyards and rounded volumes, containing the Udarnik Cinema and the Rykov Club.

A structure that looks particularly impressive when seen from above is the building that used to be the headquarters of the **All-Union Central Council of Professional Unions**, built to a design by Aleksandr Vlasov in 1931–1958. The dynamic zigzags of the six linked blocks, initially intended as accommodation for students at the Communist University, refer to Avant-garde geometrical compositions. This building's façades reflect the rapidly changing architectural tendencies of the time when it was built. The corners of the zigzag are richly decorated with Neoclassical elements, including arched loggias and deeply coffered ceilings.

The **Tsentrosoyuz building**, built to a design by Le Corbusier in 1928–1936, is one of the most famous examples of the International Style in Moscow. Understated office blocks frame a powerful projecting horseshoe-shaped volume containing an auditorium (in spite of the fact that Le Corbusier, as we know, rejected inner courtyards in favour of transparent office space and multiple gardens). Denis Esakov's photograph clearly shows the roofs of the Tsentrosoyuz building. These were originally intended as terrace-roofs with a system of gardens that would protect the cement during Moscow's large variations in temperature. Today the architect's original concept can only be recreated by our imaginations.

Das von Boris Iofan entworfene frühere Wohngebäude der Regierung, genannt **Haus an der Uferstraße** (1928–1931), zeugt davon, dass der Konstruktivismus viele Interpretationsmöglichkeiten bot. Es handelt sich nicht um einen simplen Wohnkomplex, sondern um einen Mini-Kosmos mit einer aufwendigen Infrastruktur. Das Drohnenbild offenbart die grandiose, ungemein komplexe und schwer zu erkennende Komposition als einheitliches Ensemble, das mehrere Höfe unterschiedlicher Größe und zwei halbrunde Volumina mit dem Kino *Udarnik* und dem früheren Rykow-Klub (das heutige Estrada-Theater) einschließt.

Eines der Gebäude, das von oben besonders interessant aussieht, ist das frühere, von dem Architekten Alexander Wlassow erbaute **WZSPS-Gebäude (Haus des Zentralrats der sowjetischen Gewerkschaften)** (1931–1958). Die sechs im Zickzack-Muster aneinander gereihten Riegelbauten lassen von oben eine gewisse Dynamik erkennen und haben aufgrund der geometrischen Komposition etwas Avantgardistisches. Ursprünglich waren die Gebäude als Studentenwohnheime der Kommunistischen Universität konzipiert worden. Die unterschiedlichen Fassaden spiegeln die sich rasant ändernden Architekturstile jener Zeit wider. Die Gebäudeecken sind mit neoklassizistischen Elementen wie Rundbogenloggien und überkragenden Dächern mit Kassettendecken ausgestaltet.

Das **Zentrosojus-Gebäude** (1928- 1936) wurde nach einem Entwurf von Le Corbusier erbaut und ist eines der berühmtesten Beispiele für den internationalen Stil in Moskau. Die schlichten Riegelbauten mit den Büros umrahmen ein imposantes hufeisenförmiges Gebäude, in dem sich der Versammlungsraum befindet. Le Corbusier verzichtete auf Innenhöfe zugunsten größerer, transparenter Büroräume und kleiner Gärten. Auf dem Luftbild von Denis Esakov sieht man die ursprünglich als begrünte Terrassen vorgesehenen Dächer, die

Лаконичные офисные корпуса обрамляют мощный выступающий подковообразный объем зрительного зала. При этом известно, что архитектор отказывается от внутренних дворов в пользу свободного прозрачного пространства и нескольких садов. На снимке Дениса Есакова прекрасно видны крыши дома Центросоюза, изначально задуманные как крыши-террасы с системой садов, призванных защищать цемент при сильных перепадах температуры. Сегодня лишь наше воображение может воскресить задумку архитектора.

Центральный театр Красной Армии, построенный в 1934 – 1940 годах по проекту Каро Алябяна и Василия Симбирцева, – одно из тех зданий, которые созданы для

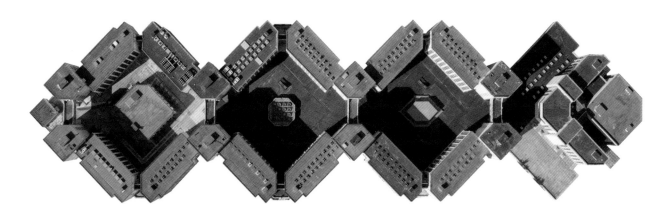

Институт биоорганической
химии РАН

Institute of Bioorganic Chemistry of
the Russian Academy of Sciences

Institut für Bioorganische Chemie der
Russischen Akademie der Wissenschaften

Московский государственный
университет им. М. В. Ломоносова

Lomonosov Moscow State
University main building

Hauptgebäude der Staatlichen
Lomonossow-Universität Moskau

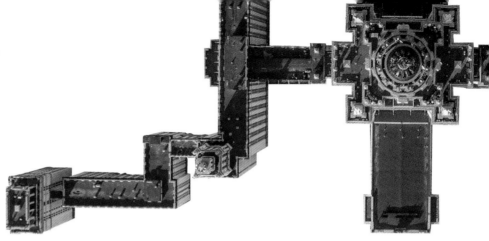

The **Theatre of the Red Army**, built in 1934–1940 to a design by Karo Alabyan and Vasily Simbirtsev, is one of those buildings that was created to be *read* from the air. The outline of this building, a striking example of the Stalinist Empire Style and a mighty instrument of propaganda, forms an enormous five-pointed star whose energetic and complex contours unexpectedly inform us that its architects also employed the principles of Baroque architecture. The theatre's *fifth façade* strongly underlines its symbolic significance: when seen from this angle, the three-tiered volume forms the star of the Red Army.

The best known of the Stalinist high-rises – the **main building of Moscow State University** (1949–1953; architect: Lev Rudnev) – presents an extremely unexpected appearance to the bird's-eye viewer. When we look from this angle, we see that the side blocks extending symmetrically in different directions are considerably lower and look much larger than the central volume, which has become a symbol of Moscow.

den Betonbau vor eisigen Temperaturen schützen sollten. Heute kann man sich nur mit viel Fantasie vorstellen, was dem Architekten vorschwebte.

Das **Theater der Roten Armee**, erbaut zwischen 1934 und 1940 von Karo Alabjan und Wladimir Simbirzew, ist eigens konzipiert, damit es aus der Luft erkannt werden kann. Es ist eines der eindrücklichsten Beispiele für den stalinschen Neoklassizismus und ein mächtiges Propagandainstrument. Der Grundriss stellt einen fünfzackigen Stern dar, dessen lebendige und komplexe Formen und Prinzipien eher bei Architekten des Barock zur Anwendung kamen. Die *fünfte Fassade* des Theaters hebt seine symbolische Bedeutung hervor, da sich der dreistufige Aufbau des Gebäudes aus dieser Perspektive zum symbolträchtigen Stern der Roten Armee zusammenfügt. Der bekannteste Stalin-Wolkenkratzer, das **Hauptgebäude der Staatlichen Universität Moskau (MGU)** (1949–1953, Architekt: Lew Rudnew) sieht von oben ganz anders aus als erwartet. Beim Anblick der MGU aus diesem Blickwinkel

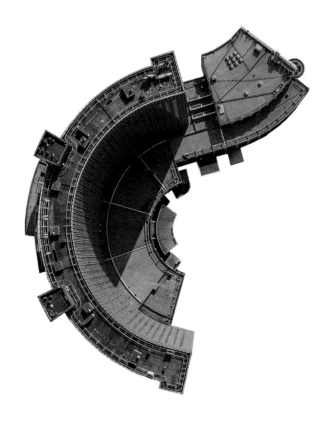

Гостиница Космос

Cosmos Hotel

Hotel Kosmos

того, чтобы их «читали» с воздуха. Ярчайший образец сталинского ампира, мощный инструмент пропаганды, в плане является огромной пятиконечной звездой, активные и сложные очертания которой неожиданно указывают на применение архитекторами и принципов стиля Барокко. Пятый фасад театра наиболее сильно подчеркивает его символическое значение, ведь трехъярусный объем с этой точки зрения «складывается» в цельную красноармейскую звезду.

Самая известная из сталинских высоток – **главное здание Московского Государственного Университета** (1949 – 1953 гг., архитектор Лев Руднев) – с высоты птичьего полета смотрится весьма неожиданно. При взгляде на МГУ с этого ракурса значительно более низкие боковые корпуса, протягивающие свои симметричные крылья в разные стороны, выглядят гораздо более масштабными, нежели центральный объем, ставший символом столицы.

Павильон №32–34 «Космос / Машиностроение» (бывший «Механизация и электрификация сельского хозяйства СССР») – один из наиболее масштабных на ВДНХ. Он был достроен в 1939 году по проекту Ивана Таранова, Виктора Андреева и Надежды Быковой. Взлетев над павильоном, дрон-беспилотник фиксирует вытянутый объем «дебаркадера» и присоединённый к нему в 1954 году купольный зал. Возможно, именно при взгляде сверху этот богато украшенный лепниной и скульптурой, громадный павильон больше напоминает сооружение для демонстрации новейших технических достижений.

Построенный в 1958 – 1962 гг. коллективом архитекторов под руководством Игоря Покровского **Дворец пионеров на Ленинских горах** – один из символов оптимистичной, демократичной и открытой архитектуры

Pavilion No. 32 – the Space/Machine engineering Pavilion (formerly, the Mechanisation and Electrification of the Agriculture of the USSR Pavilion) – is one of the largest structures at VDNKh. The pavilion was completed in 1939 to a design by Ivan Taranov, Viktor Andreev, and Nadezhda Bykova. Soaring above the pavilion, Esakov's drone has photographed the elongated volume of the *station canopy* and the dome hall, which was built on to the latter in 1954. It is possibly when seen from above that this enormous pavilion, richly decorated with plaster mouldings and sculptures, most closely resembles a structure for exhibiting the latest technological attainments.

Built in 1958–1962 by a team of architects led by Igor Pokrovsky, the **Palace of Pioneers** on Lenin Hills is a symbol of the optimistic, more democratic, and open architecture of Khrushchev's *thaw*. The building's layout, like the green landscape that surrounds it, expresses the new anti-totalitarian tendencies of the time and the architects' desire to revive the aesthetic of the architectural Avant-garde and the Modernist style. Looking from a bird's eye perspective, we can easily make out the geodesic domes above the winter garden (the domes are inconspicuous from below), the cosy U-shaped courtyards of the workshops, and the grid (a theme that was fashionable during the *thaw* period) made by the lawn with its dynamically intersecting diagonals.

The **Automobile Service Station** (1967–1977) on Varshavskoe Highway by architect Leonid Pavlov is a structure which is unique in every sense. In creating this service station Pavlov took a serious step towards bringing back Suprematism in architecture. Denis Esakov's photograph, showing the station from above, allows us to see Leonid Pavlov's concept and to forget for a while the highly inappropriate superimpositions which have distorted this building's severe façades. The triangle of the exhibition hall, whose apex

sehen die niedrigeren Annexgebäude, die ihre symmetrischen Flügel in alle Richtungen auszubreiten scheinen, größer aus als der zentrale Korpus, der mit der Turmspitze zum Symbol der Hauptstadt geworden ist.

Der **Kosmos- und Maschinenbau-Pavillon (WDNCh)** ist einer der größten Pavillons auf dem Areal der WDNCh. Er wurde 1939 nach einem Entwurf von Iwan Taranow, Viktor Andrejew und Nadeschda Bykowa realisiert. Die Drohnenkamera fokussiert sich auf das lang gezogene Volumen des »Schiffsanlegers« und die erst 1954 ergänzte Kuppel. Möglicherweise erinnert gerade durch die Luftaufnahme dieser reich mit Stuck und Skulpturen verzierte, riesenhafte Pavillon eher an einen Showroom zur Demonstration der neusten technischen Errungenschaften.

Der 1958–1962 von einem Architektenkollektiv unter der Führung von Igor Pokrowski erbaute **Pionierpalast** in den Leninbergen symbolisiert die optimistische, demokratischere und offene Architektur der Tauwetterperiode unter Nikita Chruschtschow. Bei der Planung der Gebäudes und des Landschaftsparks wurden neue antitotalitäre Tendenzen und der Wunsch der Architekten, sich wieder der Ästhetik der Avantgarde und der modernen Stilmittel zuzuwenden, verfolgt. Aus der Luft sieht man die von unten nicht zu erkennenden geodätischen Kuppeln über dem Wintergarten, die U-förmigen Höfe der Ateliers und die zeittypischen, mit eingezogenen Diagonalen angelegten Rasenraster.

Das **Autohaus** und die **Werkstatt für Personenkraftwagen** (1967–1977) an der Warschawskaja-Chaussee ist in vielerlei Hinsicht ein einzigartiges Gebäude von Leonid Pawlow. Beim Entwurf dieses Komplexes kehrte er zurück zum Suprematismus in der Architektur. Denis Esakovs Luftaufnahme verdeutlicht das Konzept des Architekten und lässt den Betrachter für einen Moment vergessen, wie viele Fassaden durch zu dicke Schichten entstellt werden. Das auf

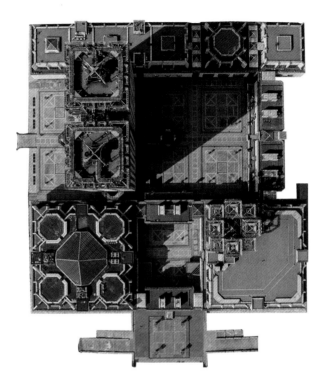

Здание президиума Российской
Академии наук

Presidium of the Russian Academy
of Sciences

Präsidium der Russischen Akademie
der Wissenschaften

хрущевской «оттепели». В планировке здания, как и окружающем его зеленом ландшафте, прослеживаются новые антитоталитарные веяния и желание архитекторов вновь обратиться к эстетике архитектурного авангарда и модернистской стилистике. С высоты птичьего полета легко читаются незаметные снизу геодезические купола над зимним садом, уютные П-образные дворы мастерских и столь актуальная во времена оттепели решетка в виде газона с активными пересекающими его диагоналями.

Станция технического обслуживания автомобилей (1967 – 1977 гг.) на Варшавском шоссе – это во всех смыслах уникальное сооружение архитектора Леонида Павлова. Создав комплекс СТОА, он сделал серьезный шаг в сторону возвращения супрематизма в архитектуру. Фотография Дениса Есакова (вид сверху) дает нам возможность увидеть задумку Павлова и на время забыть о столь неуместных наслоениях, исказивших строгие фасады. Треугольник демонстрационного зала, вершина которого фактически врезается в проезжую часть, покоится на огромной площадке, покрытой множеством выпуклых окон, под которыми расположены ремонтные цеха.

Современное здание Московского театра драмы и комедии на Таганке было построено в 1974 – 1985 гг. архитекторами Александром Анисимовым, Юрием Гнедовским и Борисом Таранцевым. Краснокирпичные массивные стены, прорезанные редкими оконными проемами, сложные неправильной формы объемы и острые углы здания отражают брутталистскую эстетику и кричат о новом витке развития театральной архитектуры, которая буквально врезается в городское пространство. Съемка с воздуха позволяет в полной мере оценить всю сложность пространственной композиции,

34

practically cuts into the carriageway, rests on an enormous area covered in numerous bulging windows, under which are the repairs workshops.

The modern building of the **Moscow Theatre of Drama and Comedy on Taganka** was built in 1974–1981 to a design by architects Aleksandr Anisimov, Yury Gnedovsky, and Boris Tarantsev. The massive walls of red brick pierced by infrequent window apertures; complex irregularly shaped volumes; and acute corners of the building reflect a Brutalist aesthetic, loudly declaring a new stage in the development of theatre architecture, which here literally cuts into urban space. Aerial photography makes it possible to fully appreciate all the complexity of the building's spatial composition – a composition which has been dictated by limitations of space.

The **M. M. Shmeyakin and Y. A. Ovchinnikov Institute of Bioorganic Chemistry of the Russian Academy of Sciences (IBKh RAN)** was erected to a design by Yury Platonov in 1976–1984. This building's architecture is so multifaceted and dynamic that it cannot be coherently perceived from only three viewing angles. As in the case of the Red Army building, the institute's principal symbol is to be found in its layout. The symmetrically placed blocks of the IBKh form an unusual, but extremely logical composition, which from a bird's-eye perspective resembles a DNA spiral.

The design work on the building of the **Presidium of the Russian Academy of Sciences** (1974–1994) was likewise led by Yury Platonov. This complex's architecture to this day seems extremely ambiguous, and yet there can be no doubt that it is unique. Striking decorative elements of a golden tint embellish the central twenty-two-storey building and the lower structures which abut it. From a height of 600 metres the RAN complex resembles a regular park whose austere geometric forms are visible likewise in the design of the square inner courtyard.

dem Grundriss eines Dreiecks entworfene Empfangsgebäude ruht auf einem riesigen, mit einer Vielzahl konvexer Lichtöffnungen konzipierten, rechteckigen Sockelbau, in dem sich die Werkstatt befindet.

Der moderne Anbau des **Moskauer Taganka-Theaters** wurde zwischen 1974 und 1985 von den Architekten Alexander Anissimow, Juri Gnedowski und Boris Taranzew reaslisiert. Die massiven, mit wenigen Fensteraussparungen durchbrochenen, ungleichen und spitzwinkligen Volumina aus Rotklinker sind der Ästhetik des Brutalismus verhaftet. Dieser Bau galt als Meilenstein in der Geschichte der Theaterarchitektur, da er sich nicht in die Stadtlandschaft einfügt, sondern vielmehr ein Fremdkörper ist. Das Luftbild zeigt die Komplexität des großflächigen Ensembles sehr genau. Es wird auch deutlich, dass der vorhandene Raum begrenzt war, da der alte Theaterbau in das Ensemble integriert werden musste.

Das **Institut für Bioorganische Chemie Schemjakin und Owtschinnikow der Russischen Akademie der Wissenschaften** wurde nach Plänen des Architekten Juri Platonow zwischen 1976 und 1984 erbaut. Der Entwurf ist so vielseitig und dynamisch, dass man mehr als drei Blickwinkel bräuchte, um ihn in seiner Komplexität erfassbar zu machen. Wie bei dem Gebäude des Theaters der Roten Armee liegt dem Institut ein Symbol zu Grunde, das als Grundriss diente. Die spiegelverkehrt angelegten Gebäudeteile sehen aus der Vogelperspektive aus wie eine DNA-Helix.

Das **Präsidium der Akademie der Wissenschaften** (1974–1994) wurde ebenfalls von Juri Platonow entworfen. Das Gebäude ist bis heute nicht unumstritten, aber zweifellos einzigartig. Die Goldapplikationen sollten das 22 Etagen hohe Gebäude und die niedrigeren Annexbauten effektvoll verschönern. Aus einer Höhe von 600 Metern sieht der Komplex aus wie ein Park mit einer Ansammlung von streng geometrischen Bauten um einen quadratischen Innenhof.

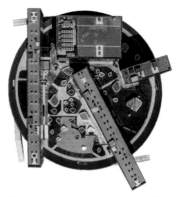

Московская школа управления Сколково

Moscow School of Management Skolkovo

Moskauer Verwaltungsschule Skolkowo

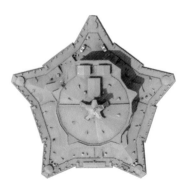

Театр Красной Армии

Theatre of the Red Army

Theater der Roten Armee

продиктованной ограниченным участком земли и необходимостью включения старинного здания театра в общий ансамбль.

Институт биоорганической химии им. академиков М. М. Шемякина и Ю. А. Овчинникова Российской академии наук (ИБХ РАН) был возведен по проекту Юрия Платонова в 1976 – 1984 годах. Архитектура института настолько многогранна и динамична, что для цельного восприятия ей категорически не хватает трех ракурсов съемки. Как и в здании театра Красной армии, главный символ Института заключен в его плане. Несколько зеркально расположенных корпусов ИБХ образуют необычную, но крайне логичную композицию, которая с высоты птичьего полета выглядит как спираль ДНК.

Строительство **Здания Президиума Российской Академии Наук** (1974–1994 гг.) также возглавлял Юрий Платонов. Архитектура комплекса до сих пор кажется весьма неоднозначной, но без всяких сомнений, она уникальна. Эффектные декоративные конструкции золотистого цвета украшают центральное 22-этажное здание и прилегающие к нему более низкие объемы. С высоты 600 метров комплекс РАН напоминает регулярный парк, строгие геометрические формы которого видны также и в оформлении квадратного внутреннего дворика.

Кампус Московской школы управления Сколково, спроектированный британским архитектором с ганскими корнями Дэвидом Аджайе (2006 – 2010 гг.), – пример супрематической абстракции в объеме. Спустя столетие творчество Казимира Малевича продолжает вдохновлять не только художников, но и архитекторов во всем мире. На фотографиях Дениса Есакова ясно прочитывается геометрическая композиция в духе супрематизма:

The campus of **Moscow School of Management Skolkovo**, designed by the British-Ghanaian architect David Adjaye (2006–2010), is an example of Suprematist abstraction in three dimensions. One hundred years later, the work of Kazimir Malevich continues to inspire not only artists, but also architects all over the world. In Denis Esakov's photographs we can clearly make out a geometrical composition in the spirit of Suprematism: an enormous disc supports four parallelepipeds. All the building's volumes are functional; they contain teaching auditoria, administrative and residential spaces, and much more.

In addition to the above, this book also features many other important pieces of Moscow architecture, including the Rusakov House of Culture, the Dinamo Water Stadium, the Northern River Port Terminal, the Yauza Sluice, the Great Moscow State Circus, the Round House on Dovzhenko Street, *Garage* Museum of Contemporary Art, Dominion Tower, and *Moscow City* international business centre. At the same time, for Denis Esakov himself, this is only the beginning of his creative experiments. He is not yet ready to confine himself to a single series (even if an exceedingly unusual one) or a single theme. His credo is still in the process of formation, but we may confidently say that aerial photography is an important stage in his creative career. Denis Esakov is not prepared to renounce using drones in future projects, but right now the most important thing for him is to look for his own discourse and language to serve as the basis for a new profound project. But what remains invariable for Denis Esakov is architectural photography – an art that is capable of giving us amazing buildings and emotions and a technology that reveals in architecture that which is concealed from most people's eyes.

Die **Moscow School of Management Skolkovo** (2006–2010) wurde von David Adjaye, einem Briten mit ghanaischen Wurzeln, entworfen und ist ein Beispiel für eine räumliche suprematistische Abstraktion. Einhundert Jahre nach seinem Tod beeinflusst Kasimir Malewitsch immer noch Künstler und Architekten in der ganzen Welt. Auf den Bildern von Denis Esakov ist die geometrische Komposition im Geist des Suprematismus deutlich zu erkennen. Auf einer großen Scheibe sind vier Parallelepipede als Gebäude angeordnet. Alle Volumina haben eine unterschiedliche Bestimmung: Auditorium, Verwaltung, Studentenwohnheim etc.

Neben diesen Gebäuden werden in diesem Bildband noch viele andere sehenswerte Moskauer Gebäude porträtiert, wie etwa der Russakow-Arbeiterklub, das Dinamo-Stadion, das Nördliche Flusshafenterminal, die Jausa-Wasserschleuse Nr. 2, der Moskauer Staatszirkus, das Runde Haus an der Dowschenko-Straße, das Museum für Moderne Kunst *Garage*, der *Dominion Tower* und das internationale Handelszentrum *Moscow City*. Die Gebäudeporträts sind erst der Anfang von Denis Esakovs künstlerischer Experimentierphase. Der Künstler möchte sich nicht auf ein Thema beschränken, aber die Luftbildfotografie wird eine wichtige Etappe in seiner Biografie bleiben. In der jetzigen Phase versucht er herauszufinden, was Architektur eigentlich bedeutet, wie sie in der Gesellschaft und in einer Stadt verankert ist und wie sich diese Akteure gegenseitig beeinflussen. Auch für künftige Arbeiten wird Denis Esakov Drohnenkameras einsetzen. Derzeit ist er noch auf der Suche nach seiner Sprache als Grundlage für ein neues Großprojekt. Die Architekturfotografie wird jedoch seine Kunstform bleiben, da sie dem Betrachter Wissen und Emotionen vermitteln kann und dabei eine Technologie ist, die unbemerkt Einfluss auf die Architektur nimmt.

Вид на жилой дом на
Котельнической набережной

View of the Kotelnicheskaya
Embankment Residential Building

Blick auf das Wohnhochhaus
am Kotelnitscheskaja-Ufer

на огромном диске покоятся четыре параллелепипеда. Все объемы здания функциональны – это учебные аудитории, административные и жилые помещения и многое другое.

Не только эти, но и многие другие архитектурные достопримечательности Москвы, среди которых Дом культуры им. И. В. Русакова, Водный стадион «Динамо», Северный речной вокзал, Сыромятнический гидроузел, Большой Московский государственный цирк, Круглый дом на улице Довженко, Музей современного искусства «Гараж», Dominion Tower и Московский международный деловой центр «Москва-Сити», также представлены в альбоме «АрхиДрон. Пятый фасад современной Москвы».

Тем временем, для самого Дениса творческие эксперименты только начинаются. Он пока не готов остановиться на одной (пусть и весьма неординарной) серии и избрать для себя одну тему. Его кредо еще формируется, но можно с уверенностью сказать, что аэрофотография стала важным этапом в творческой биографии Есакова. Как признается сам фотограф, сегодня он стремится разобраться в том, что такое архитектура и как она вплетена в социум, в город, как все это взаимодействует. Фотограф не отказывается от использования дронов в будущих работах, но сейчас для него главное – поиск своего дискурса и языка, который станет основой для нового глубокого проекта.

Но то, что для Дениса Есакова неизменно – это архитектурная фотография: искусство, способное подарить нам удивительные знания и эмоции, и технология, которая выявляет в архитектуре скрытое от глаз обывателя.

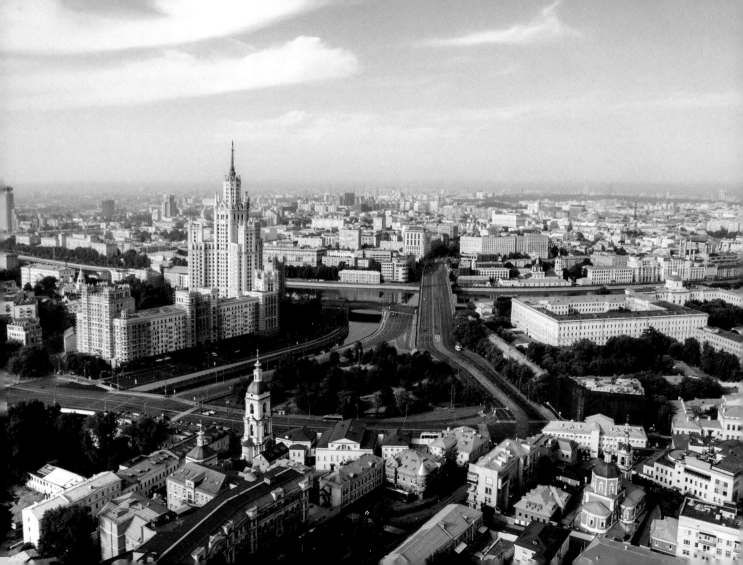

Денис Есаков –
современный архитектурный фотограф

Денис Есаков родился в 1984 году в городе Каракол (Киргизия), который славится горными панорамами и видами на уникальное соленое озеро Иссык-Куль. В юности Денис увлекался горными походами, но желание заниматься фотографией, что интересно, пришло к нему не в горах, а в мегаполисе – в Москве, куда он переехал в 2006 году.

Искусство фотографии, как и историю архитектуры, Есаков осваивал самостоятельно. Не пренебрегая техническими советами старших коллег (Юрия Пальмина, Михаила Розанова, Владимира Фридкеса), Денис всегда был и остается независим в работе над своими проектами.

Несколько лет фотограф находил и исследовал абстракцию в архитектуре. В его ярких и геометричных снимках нет места для человека. Денис признается, что не любит снимать людей, что в абстракции он чувствует себя легко и комфортно, а масштаб архитектурных объектов ему ближе и понятнее человеческой фигуры. Постепенно в объектив Есакова стали попадать не только отдельные фрагменты, но здания целиком. От геометрического минимализма фотограф перешел к архитектурной съемке, в частности, и к аэросъемке. Идея серии «Пятый фасад современной Москвы» возникла не случайно. Изучая теорию и историю архитектуры, Денис не мог не обратить внимание на два основных способа визуализации архитектурного объекта – план и аксонометрическую проекцию. Вместе эти инструменты позволяют наиболее ясно передать замысел архитектора. Как говорит сам фотограф, «сравнение того, что мы видим на бумаге и того, что мы видим с точки зрения

Denis Esakov –
contemporary architectural photographer

Denis Esakov was born in 1984 in Karakol, Kyrgyzstan, a city that is famous for its mountain panoramas and views of the unique saline lake Issyk-Kol. As a young man, he was a serious mountaineer before discovering a desire to take up photography (interestingly, this desire came to him not in the mountains, but in the megalopolis of Moscow, where he moved in 2006).

Denis Esakov learnt the art of photography, just as he did the history of architecture, independently. While heeding the technical advice offered by his elder colleagues (Yury Palmin, Mikhail Rozanov, and Vladimir Fridkes), he has always taken an independent stance in his work on his projects. For several years, he looked for and studied abstraction in architecture. In his striking geometrical photographs there is no room for human beings. Denis Esakov admits that he is not fond of photographing people, that he feels comfortable and at ease in abstraction, and that he has always found the scale of architectural structures more attractive and comprehensible.

Gradually, Denis Esakov's camera began to photograph not just individual fragments, but entire buildings. After his period of geometrical minimalism, he moved on to architectural photography and in particular aerial photography. The idea for his *Fifth Façade* series did not come about by accident. While studying the theory and history of architecture, he could not but notice the two main ways of visualising an architectural structure: the floor plan and axonometric projection. Together, these instruments make it possible to convey the architect's concept in the fullest possible way. As Denis Esakov himself says, "comparing what we see on paper with what we see with our own eyes from

Denis Esakov –
ein moderner Architekturfotograf

Denis Esakov wurde 1984 in Karakol (Kirgistan) geboren, an einem Ort, der mit schönen Bergpanoramen und dem Blick auf den Salzsee Yssykköl gesegnet ist. In seiner Jugend unternahm der Künstler ausgedehnte Bergwanderungen, aber der Wunsch, Fotograf zu werden, entstand erstaunlicherweise nicht in den Bergen, sondern in der Megacity Moskau, in der er seit 2006 lebt.

Esakov ist in Bezug auf die Kunst und die Geschichte der Fotografie Autodidakt. Technische Ratschläge älterer Kollegen (Juri Palmin, Michail Rosanow, Wladimir Fridkes) nahm er nie, Esakov war und ist in seiner Arbeit unabhängig. Seit einigen Jahren beschäftigt er sich mit der Abstraktion in der Fotografie. Auf seinen farbenprächtigen, geometrischen Fotografien duldet er keine Menschen, er fühlt sich in der Abstraktion wohler, und die schiere Größe von Architekturensembles faszinierte ihn von Anfang an.

Mit der Zeit kamen ihm nicht mehr nur einzelne Gebäudefragmente vor die Linse, sondern ganze Gebäude. Vom geometrischen Minimalismus kam er zur Architekturfotografie und dann zur Luftbildfotografie. Die Idee zu der Serie *Fünfte Fassade – Fotoflug über Moska*u kam ihm nicht zufällig. Bei seinem Studium der Architekturtheorie und -geschichte experimentierte er mit zwei Arten, ein Objekt zu visualisieren – dem Bild des Entwurfs und der axonometrischen Projektion. Mit diesen beiden Vehikeln kann man die Vision des Architekten besser vermitteln. Wie Esakov selber sagt: »Der Vergleich mit dem, was wir auf dem Papier sehen und dem, was wir mithilfe der Axonometrie und dem Grundriss sehen, sollte uns etwas Neues über das Gebäude sagen.« Die ersten zehn Gebäude dieser Serie aus der dem Fotografen sehr am Herz liegenden Epoche der sowjetischen Avantgarde

аксонометрии и плана вживую, должно рассказать нам что-то новое о здании». Первые восемь зданий серии, относящиеся к столь любимым автором периодам советского авангарда и послевоенного модернизма, были отсняты с помощью самодельного дрона, который своими руками собрал знакомый Есакова – Дмитрий Василенко. Затем, когда стало очевидно, что проект набирает силу и его нужно развивать, Денис принял решение перейти на профессиональную технику и пригласить нового оператора – Александра Кавдерко. И вот, спустя год была завершена серия «Пятый фасад Москвы».

Сегодня фотограф живет и работает в Москве. Фотографии Дениса Есакова публиковались в таких профильных изданиях, как *Archdaily* (США), *archi.ru* (Россия), *The Architectural Review* (Великобритания), *The Calvert Project* (Великобритания), *Designboom* (Италия), *Dodho Magazine* (Испания), *DOMUS* (Италия), *MARK* (Нидерланды), *The Modernist* (Великобритания), *ORIS* (Хорватия) и др. В 2014 году на интернет-выставке фотоиндустрии *Photowebexpo* состоялись две виртуальные экспозиции Есакова: *Сцена для пораженного и неловкого героя и Background emotions*. Фотографии Дениса демонстрировались на групповых выставках в Музее архитектуры им. А. В. Щусева, Московском Союзе Архитекторов, Центральном выставочном зале *Манеж*, Галерее классической фотографии.

the viewpoint of axonometry and the floor plan should tell us something new about a building." The first eight buildings in the series, buildings, which date to Esakov's favourite periods, the Soviet Avant-garde and post-war Modernism, were photographed using a DIY drone, assembled by Denis Esakov's acquaintance Dmitry Vasilenko. Subsequently, when it became clear that the project was going somewhere and needed to be taken further, Denis took the decision to switch to professional equipment and invite a new operator – Aleksandr Kavderko. A year later, he completed his *Fifth Façade* series.

Denis Esakov currently lives and works in Moscow. His photographs have been published in specialist publications including *Archdaily* (USA), *Archi.ru* (Russia), *The Architectural Review* (UK), *The Calvert Project* (UK), *Designboom* (Italy), *Dodho Magazine* (Spain), *DOMUS* (Italy), *MARK* (Netherlands), *The Modernist* (UK), and *ORIS* (Croatia). In 2014 Denis Esakov showed two virtual exhibitions at *Photowebexpo*: *Stage for a defeated and uneasy hero* and *Background emotions*. Denis Esakov's photographs have been exhibited at group exhibitions at the Shchusev Museum of Architecture, the Moscow Union of Architects, the *Manezh* Central Exhibition Hall, and the Gallery of Classical Photography.

Translated by John Nicolson.

und der Nachkriegsmoderne wurden mit Hilfe einer ferngesteuerten Drohne aufgenommen, die Denis Esakovs Kollege Dmitri Wassilenko steuerte. Als sich der Erfolg des Projekts abzeichnete, und er das Thema vertiefen wollte, besorgte sich Esakov professionelle Technik und ein Jahr später war das Projekt *Vogelflug* Dank der Hilfe des Drohnenpiloten Alexander Kawderko im Kasten.

Esakov lebt und arbeitet heute in Moskau. Seine Fotos wurden in zahlreichen hochkarätigen Magazinen und Portalen veröffentlicht. Dazu zählen *Archdaily* (USA), *Archi.ru* (Russland), *The Architectural Review* (Großbritannien), *The Calvert Project* (Großbritannien), *Designboom* (Italien), *Dodho Magazine* (Spanien), *DOMUS* (Italien), *MARK* (Niederlande), *The Modernist* (Großbritannien), *ORIS* (Kroatien) etc. 2014 waren in der Ausstellung *Photowebexpo* zwei Serien von Esakov zu sehen: *Szene für einen defätistischen und unbequemen Helden* und *Background emotions*. Die eindrucksvollen Fotografien von Denis Esakov waren auch in Gruppenausstellungen im Staatlichen Schtschussew-Museum für Architektur, im Moskauer Architektenverband, in der *Manege* und nicht zuletzt auch in der *Galerie für klassische Fotografie* vertreten.

Übersetzt von Heike Maria Johenning.

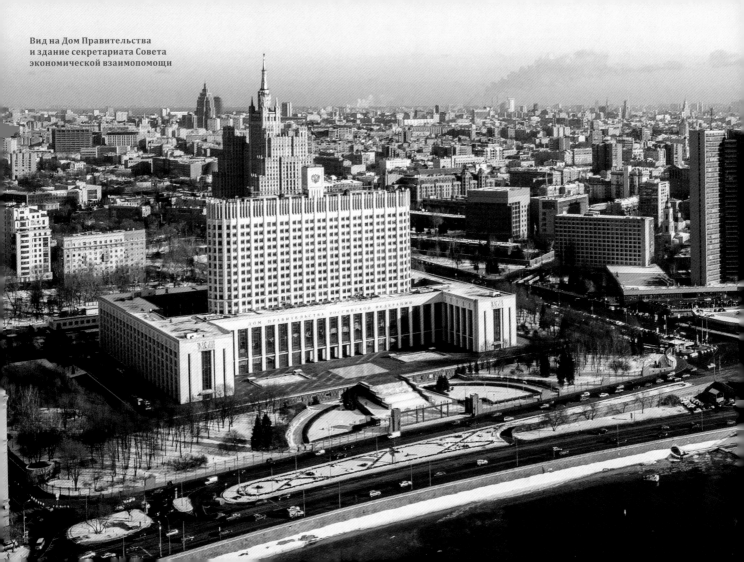

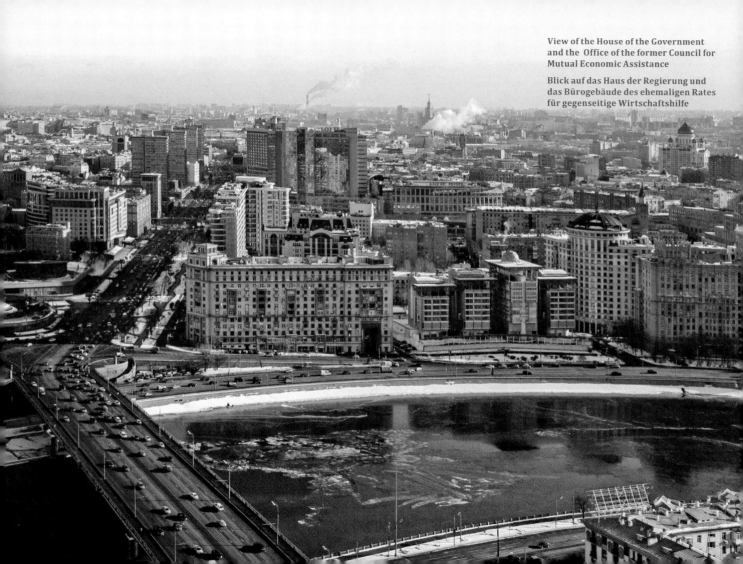

View of the House of the Government and the Office of the former Council for Mutual Economic Assistance

Blick auf das Haus der Regierung und das Bürogebäude des ehemaligen Rates für gegenseitige Wirtschaftshilfe

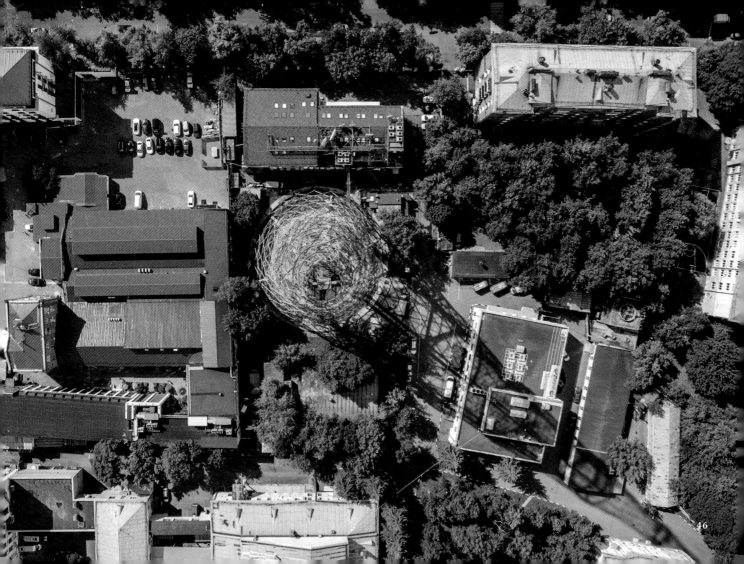

Шаболовская радиобашня
Shukhov Radio Tower
Schuchow-Radioturm

1922

1919–1922
Шухов Владимир Григорьевич
Улица Шаболовка, дом 37/7
Ⓜ Шаболовская

1919–1922
Vladimir Grigoryevich Shukhov
37/7 Shabolovka Street
Ⓜ Shabolovskaya

1919–1922
Wladimir Grigorjewitsch Schuchow
Schabolowka-Straße 37/7
Ⓜ Schabolowskaja

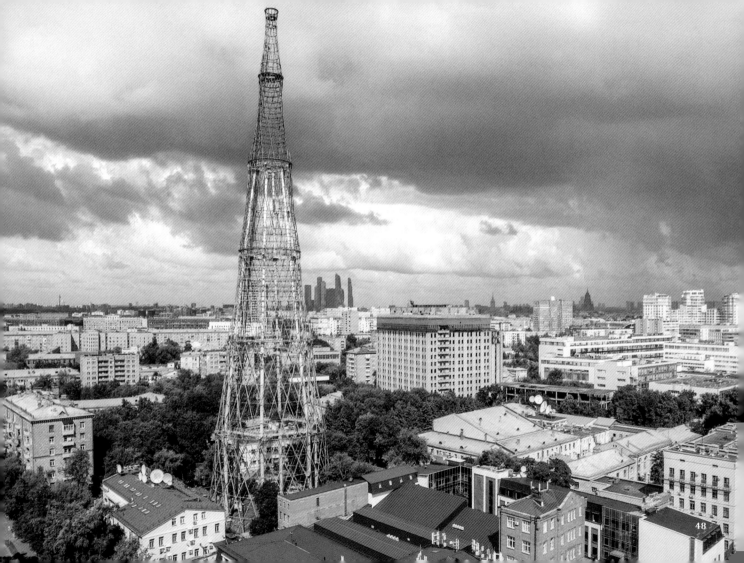

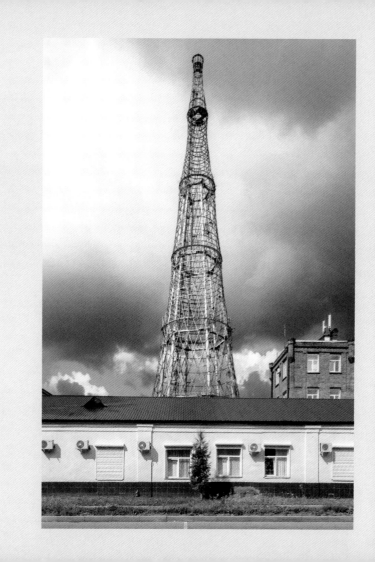

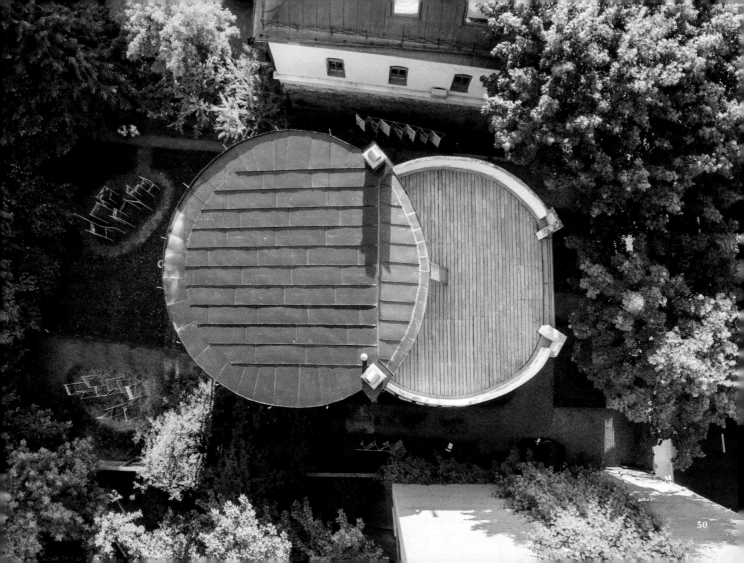

Дом-мастерская К. С. Мельникова

Melnikov Studio House

Melnikow-Haus

1927–1929
Мельников Константин Степанович
Кривоарбатский переулок, дом 10
Ⓜ Смоленская

1927–1929
Konstantin Stepanovich Melnikov
10 Krivoarbatsky Lane
Ⓜ Smolenskaya

1927–1929
Konstantin Stepanowitsch Melnikow
Kriwoarbatski-Gasse 10
Ⓜ Smolenskaja

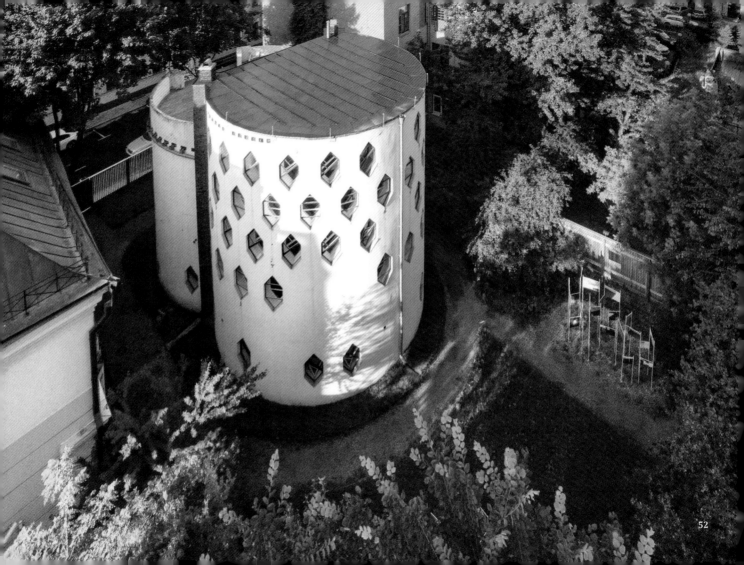

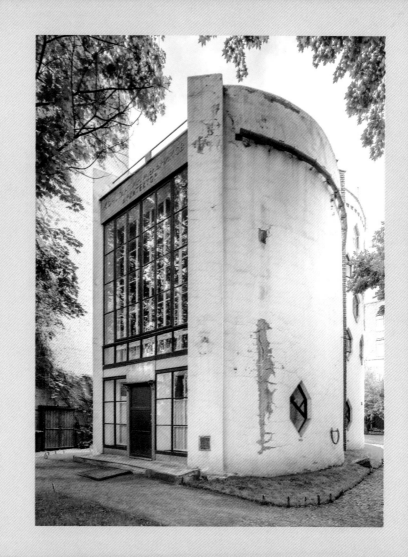

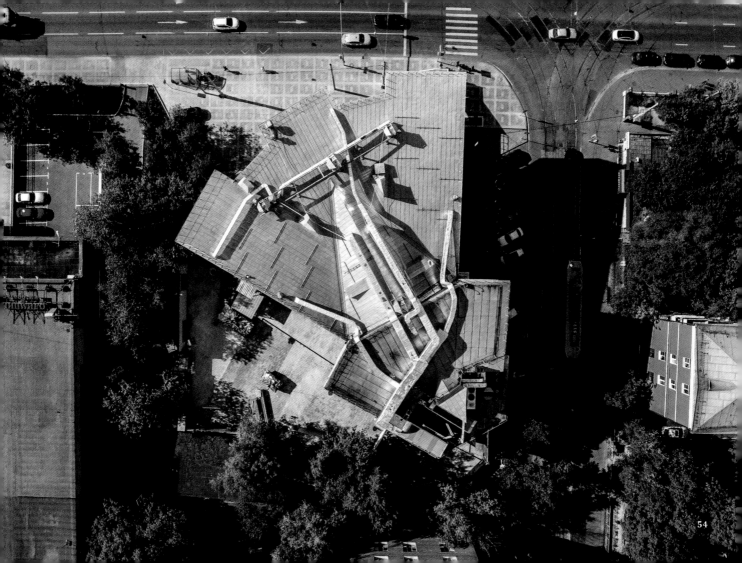

Дом культуры имени Русакова
Rusakov Workers' Club
Russakow-Arbeiterklub

1929

1927–1929
Мельников Константин Степанович
Улица Стромынка, дом 6
Ⓜ Сокольники

1927–1929
Konstantin Stepanovich Melnikov
6 Stromynka Street
Ⓜ Sokolniki

1927–1929
Konstantin Stepanowitsch Melnikow
Stromynka-Straße 6
Ⓜ Sokolniki

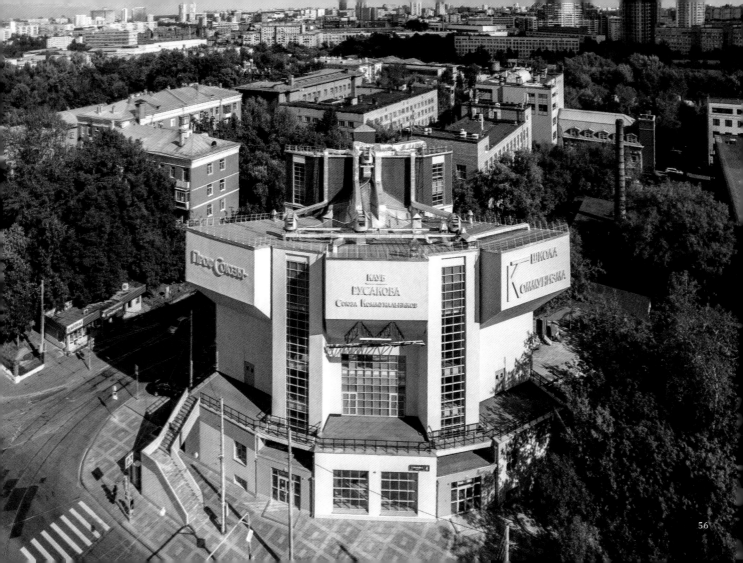

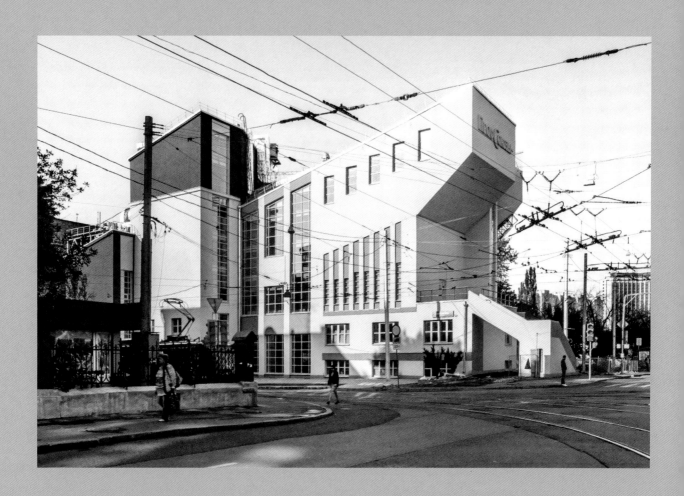

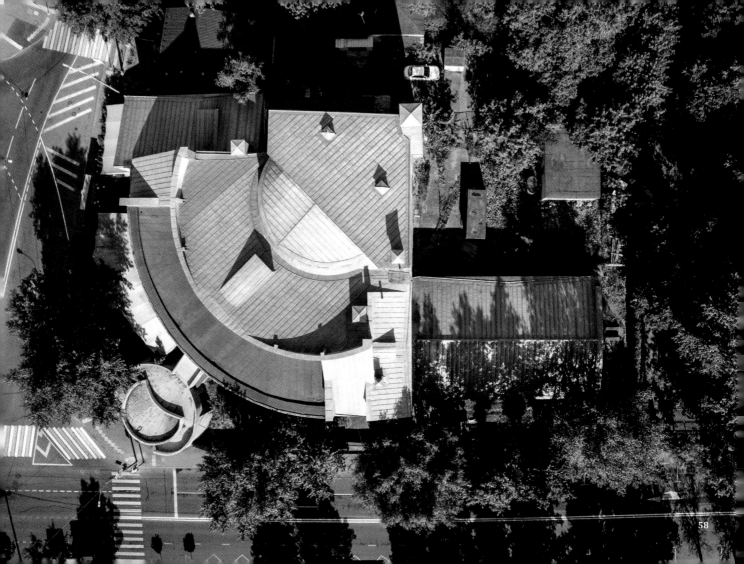

Клуб завода Каучук
Kauchuk Factory Club
Kautschuk-Arbeiterklub

1927–1929
Мельников Константин Степанович
Улица Плющиха, дом 64/6, строение 1
Ⓜ Фрунзенская

1927–1929
Konstantin Stepanovich Melnikov
64/6 Plyushchikha Street, building 1
Ⓜ Frunzenskaya

1927–1929
Konstantin Stepanowitsch Melnikow
Pljuschtschicha-Straße 64/6, Haus 1
Ⓜ Frunsenskaja

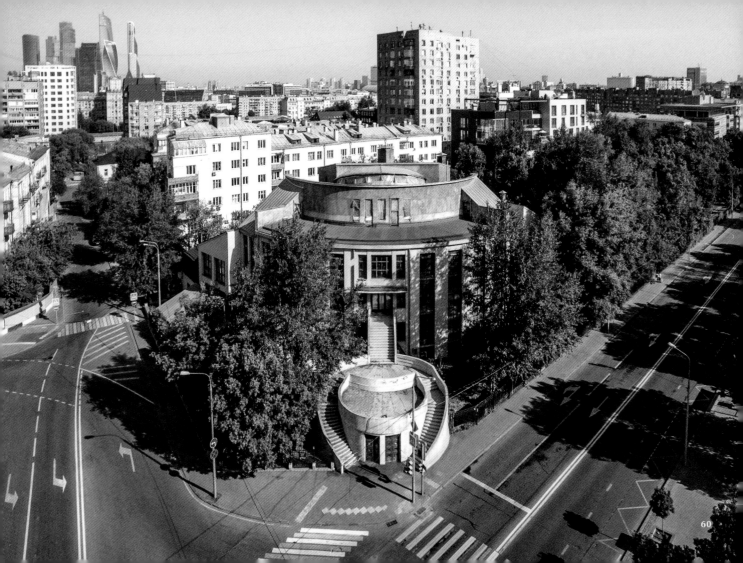

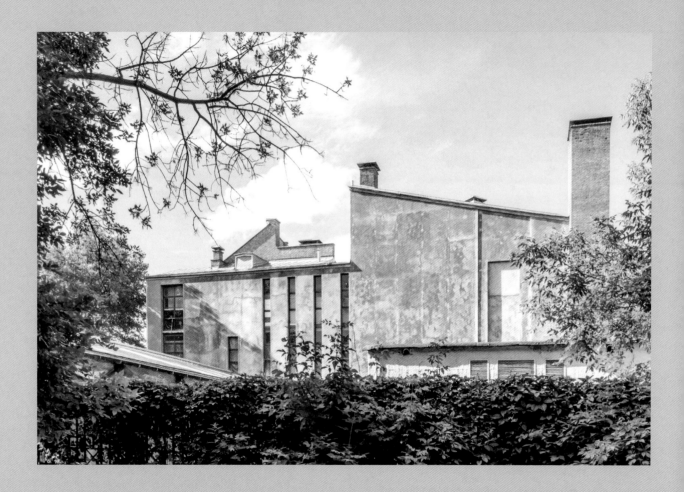

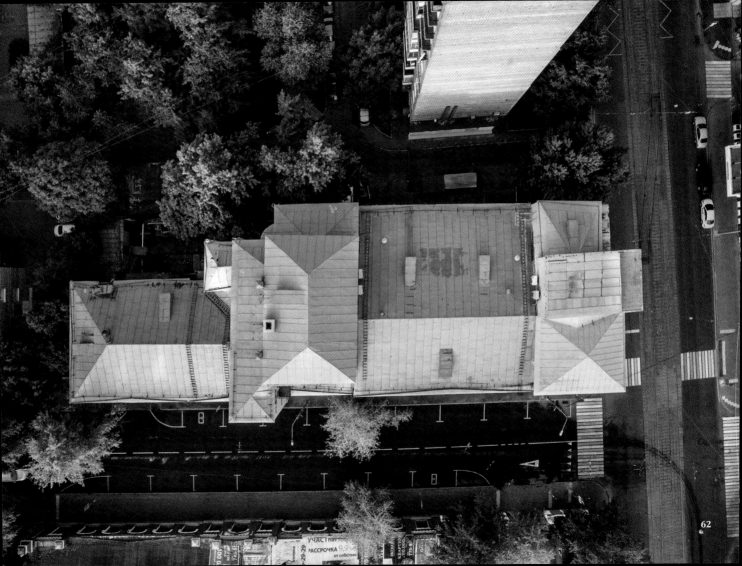

1929

Клуб профсоюза коммуналь-ников имени С. М. Зуева
Zuev Workers' Club
Sujew-Arbeiterklub

1927–1929
Голосов Илья Александрович
Лесная улица, дом 18
Ⓜ Белорусская

1927–1929
Ilya Aleksandrovich Golosov
18 Lesnaya Street
Ⓜ Belorusskaya

1927–1929
Ilja Alexandrowitsch Golossow
Lesnaja-Straße 18
Ⓜ Belorusskaja

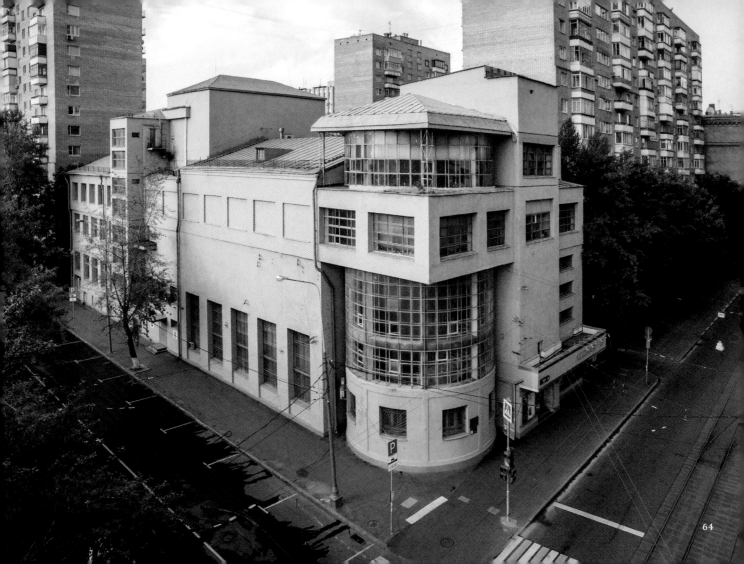

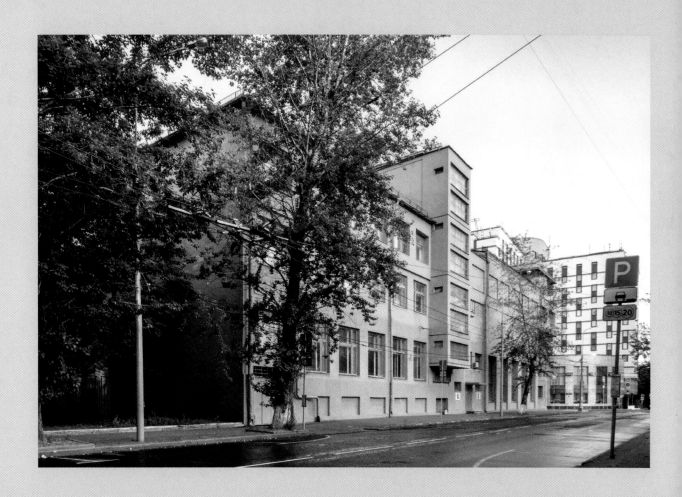

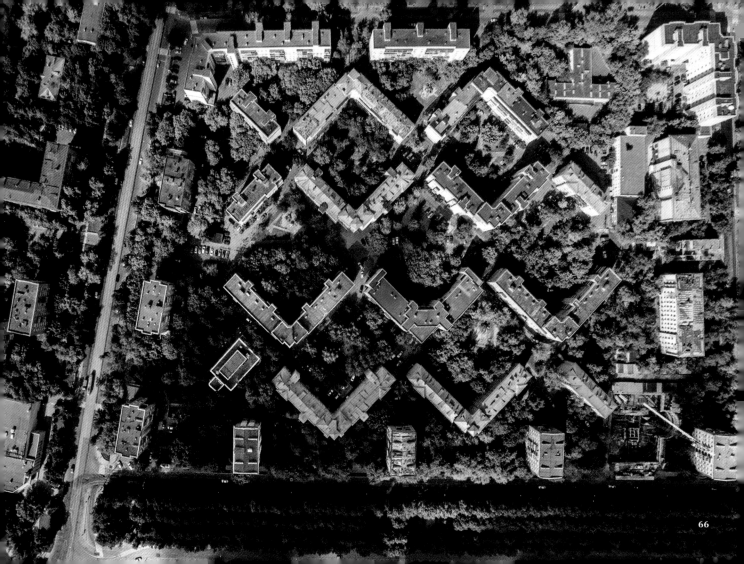

Хавско-Шаболовский жилой комплекс

Khavsko-Shabolovsky Residential Complex

Wohnanlage Chawsko-Schabolowski

1927–1930
Травин Николай Н., Йозефович
И. Л., Бибиков В. И., Блохин Борис
Николаевич, Айзикович Самуил
Яковлевич, Вольфензон Георгий
Яковлевич и др.
Улица Лестева, дом 13/3; 15/1 и др.,
Улица Шаболовка, дом 63/2 и др.
Ⓜ Шаболовская

1927–1930
Nikolay N. Travin, I. L. Josefovich,
V. I. Bibikov, Boris Nikolaevich
Blokhin, Samuil Yakovlevich
Aizikovich, Georgy Yakovlevich
Volfenzon et al.
13/3, 15/1 Lestev Street et al.,
63/2 Shabolovka Street et al.
Ⓜ Shabolovskaya

1927–1930
Nikolai N. Trawin, I. L. Josefowitsch,
W. I. Bibikow, Boris Nikolajewitsch
Blochin, Samuil Jakowlewitsch
Aisikowitsch, Georgi Jakowlewitsch
Wolfenson u. a.
Lestew-Straße 13/3, 15/1 u. a.,
Schabolowka-Straße 63/2 u. a.
Ⓜ Schabolowskaja

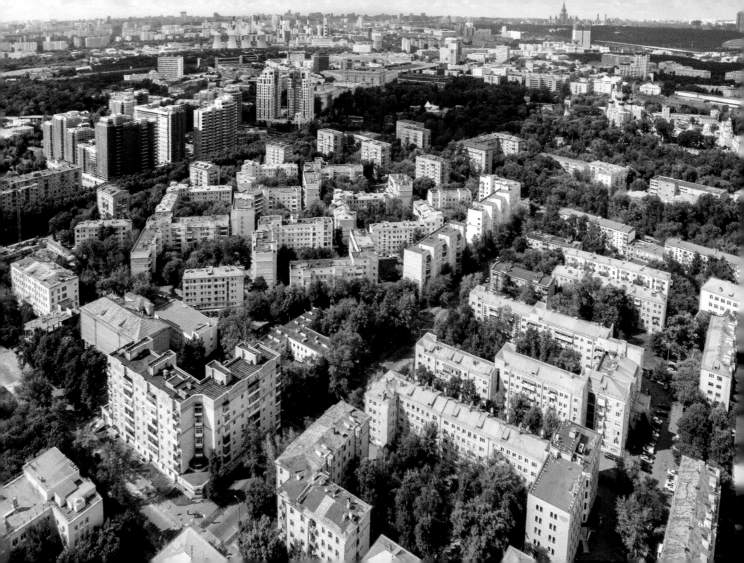

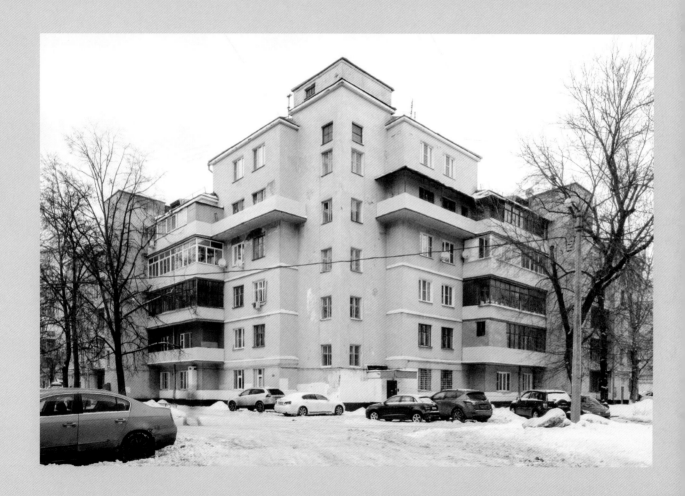

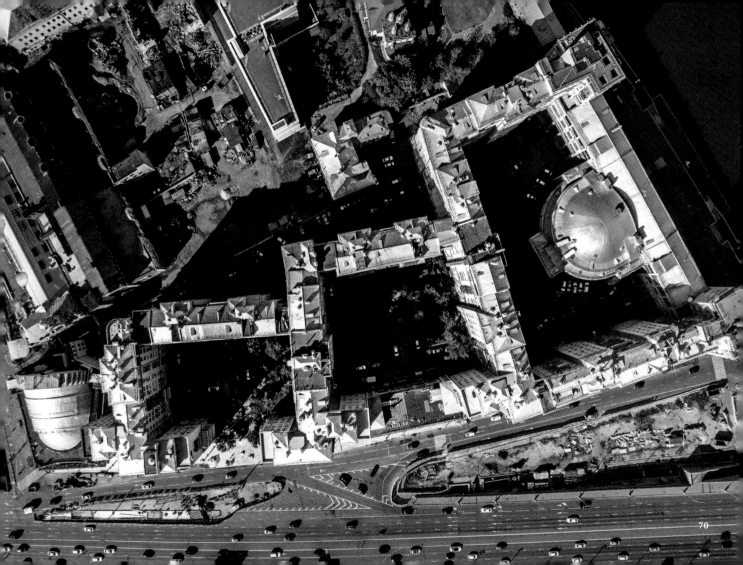

Дом на Набережной
House on the Embankment
Haus an der Uferstraße

1931

1928–1931
Иофан Борис Михайлович,
Иофан Дмитрий Михайлович
Улица Серафимовича, дом 2
Ⓜ Боровицкая

1928–1931
Boris Mikhailovich Iofan,
Dmitry Mikhailovich Iofan
2 Serafimovich Street
Ⓜ Borovitskaya

1928–1931
Boris Michailowitsch Iofan,
Dmitri Michailowitsch Iofan
Serafimowitsch-Straße 2
Ⓜ Borowizkaja

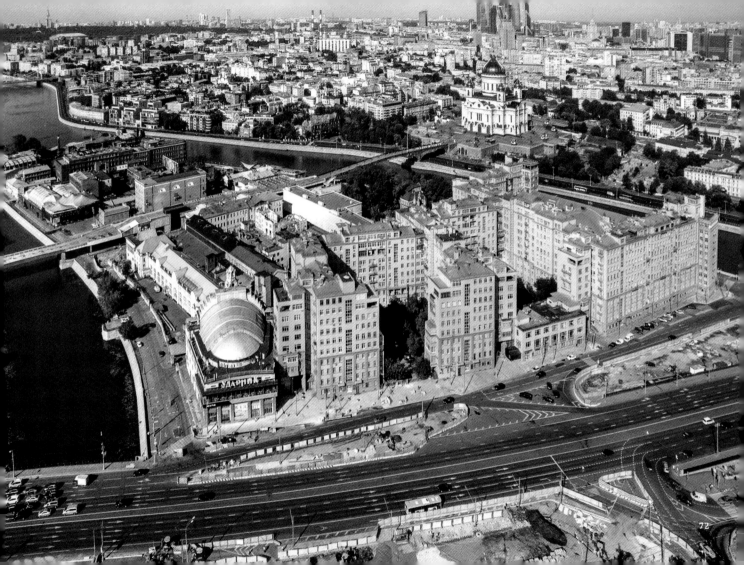

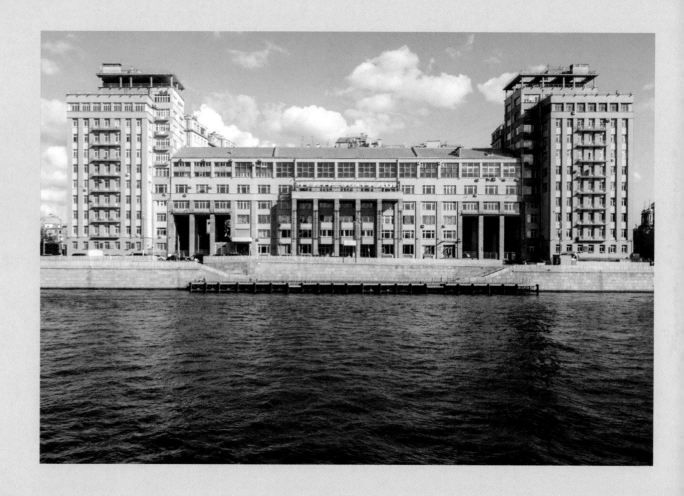

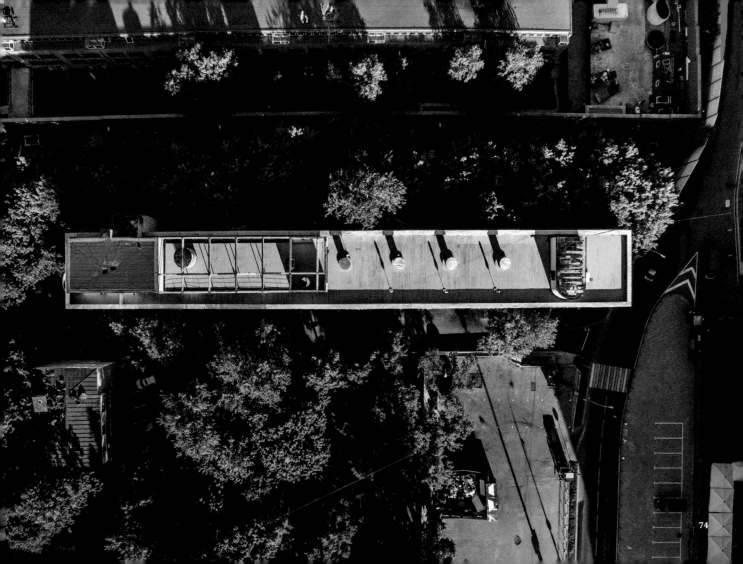

Дом Наркомфина
Narkomfin Building
Narkomfin-Gebäude

1932

1928–1932
Гинзбург Моисей Яковлевич,
Милинис Игнатий Францевич
Прохоров Сергей Львович
Новинский бульвар, дом 25/1
Ⓜ Баррикадная

1928–1932
Moisei Yakovlevich Ginzburg,
Ignaty Frantsevich Milinis,
Sergey Lvovich Prokhorov
25/1 Novinsky Boulevard
Ⓜ Barrikadnaya

1928–1932
Moissei Jakowlewitsch Ginsburg,
Ignati Franzewitsch Milinis,
Sergei Lwowitsch Prochorow
Nowinski Boulevard 25/1
Ⓜ Barrikadnaja

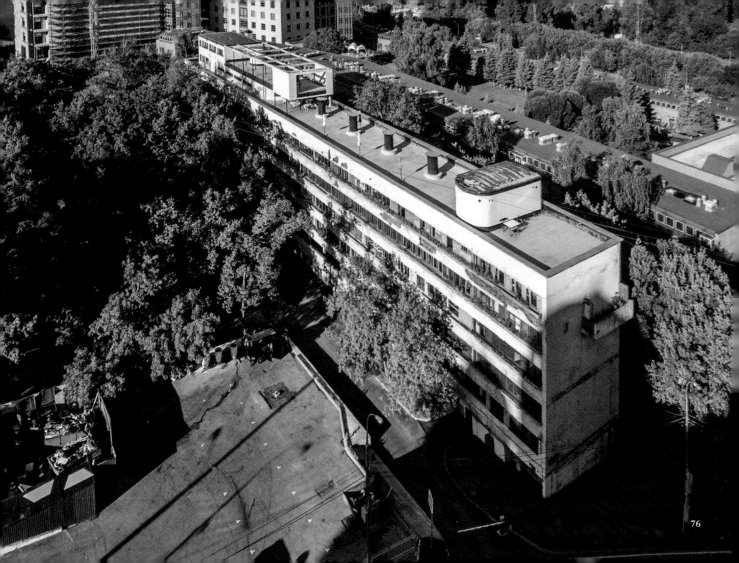

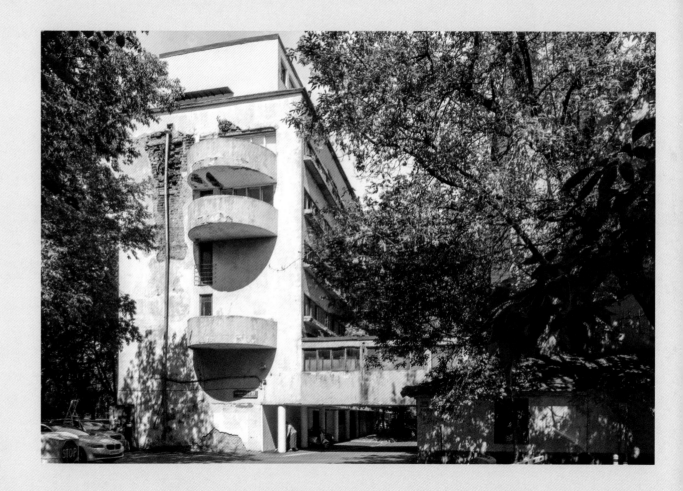

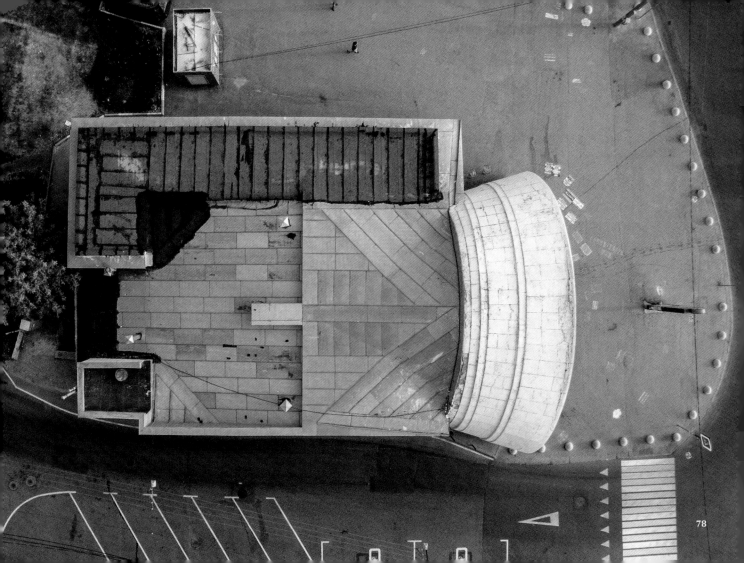

Павильон станции Красные ворота (Южный вестибюль)

Krasnye Vorota Metro Station (South Entrance)

Metrostation Krasnye Worota (Südliches Zugangsgebäude)

1935
Ладовский Николай Александрович
Садовая-Спасская улица, дом 21/1
Ⓜ Красные Ворота

1935
Nikolay Aleksandrovich Ladovsky
21/1 Sadovaya-Spasskaya Street
Ⓜ Krasnye Vorota

1935
Nikolai Alexandrowitsch Ladowski
Sadowaja-Spasskaja Straße 21/1
Ⓜ Krasnyje Worota

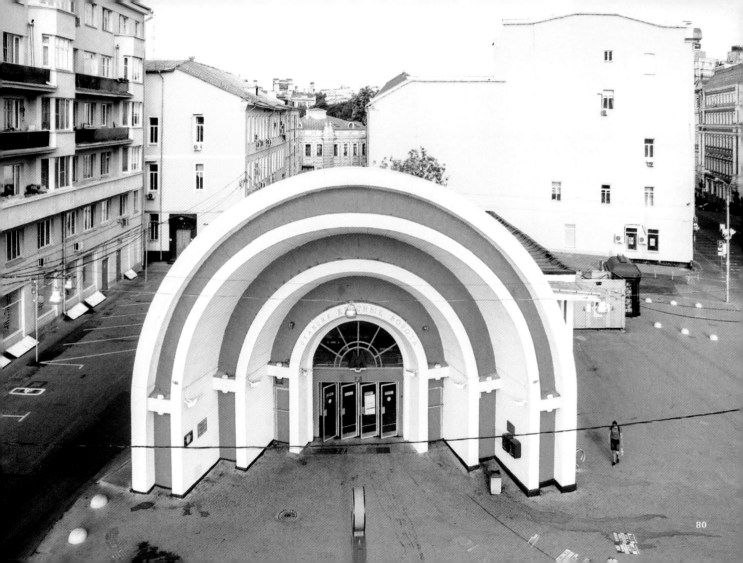

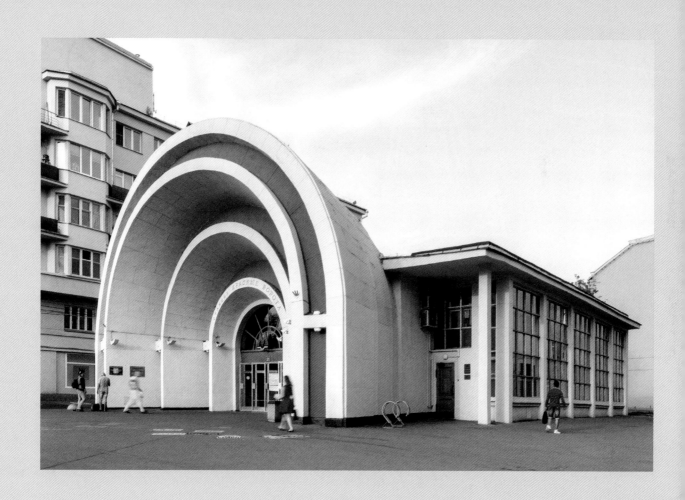

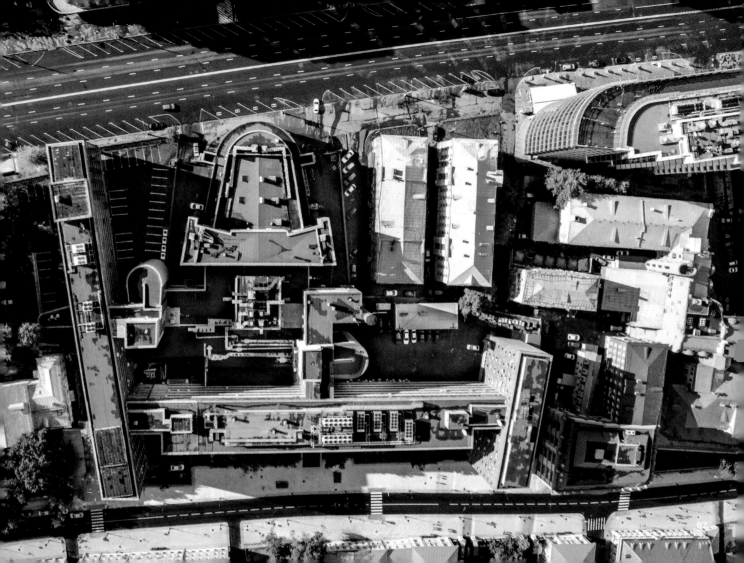

Здание Центросоюза
Tsentrosoyuz Building
Zentrosojus-Gebäude

1928–1936
Ле Корбюзье,
Колли Николай Джемсович (Яковлевич)
Мясницкая улица, дом 39, строение 1
Ⓜ Тургеневская

1928–1936
Le Corbusier,
Nikolay Dzhemsovich Kolli
39/1 Myasnitskaya Street
Ⓜ Turgenevskaya

1928–1936
Le Corbusier,
Nikolai Dschemsowitsch Kolli
Mjasnizkaja-Straße 39/1
Ⓜ Turgenjewskaja

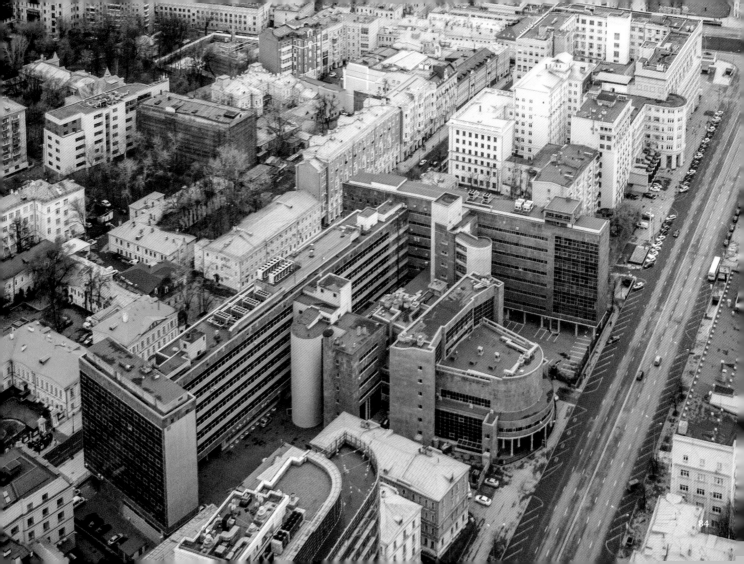

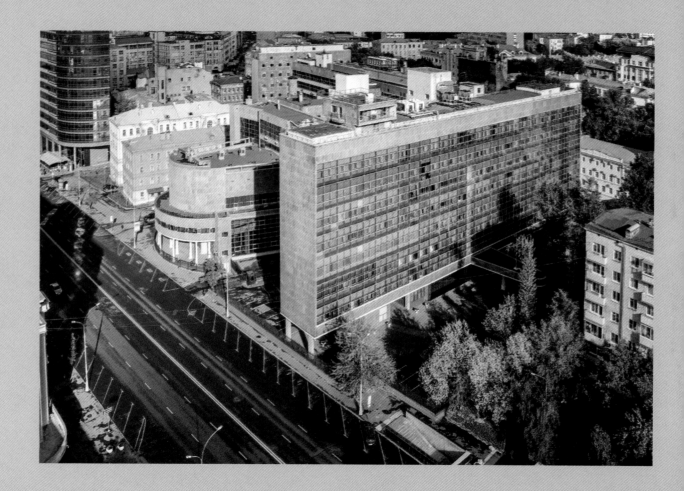

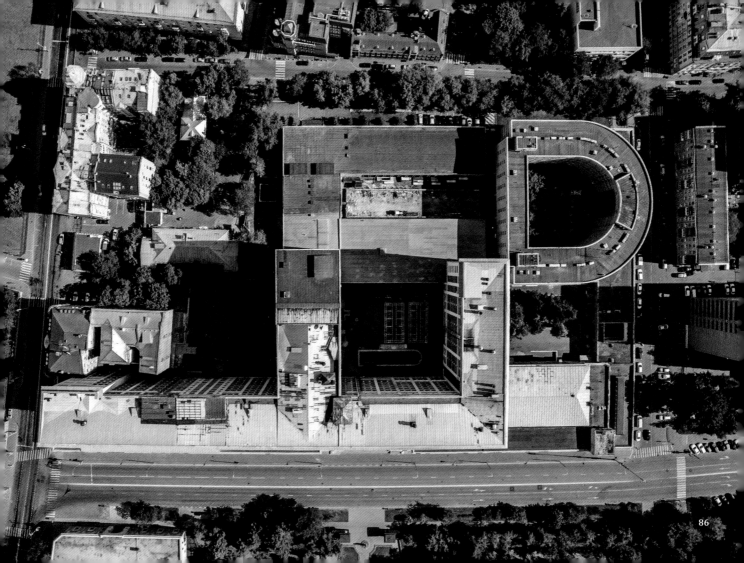

Военная академия РККА имени М. В. Фрунзе

Frunze Military Academy

Frunse-Militärakademie

1937

1932–1937
Руднев Лев Владимирович,
Мунц Владимир Оскарович
Проезд Девичьего поля, дом 4
Ⓜ Киевская

1932–1937
Lev Vladimirovich Rudnev,
Vladimir Oskarovich Munts
4 Devichye Polye Alley
Ⓜ Kievskaya

1932–1937
Lew Wladimirowitsch Rudnew,
Wladimir Oskarowitsch Munz
Dewitschje-Polje-Durchfahrt 4
Ⓜ Kijewskaja

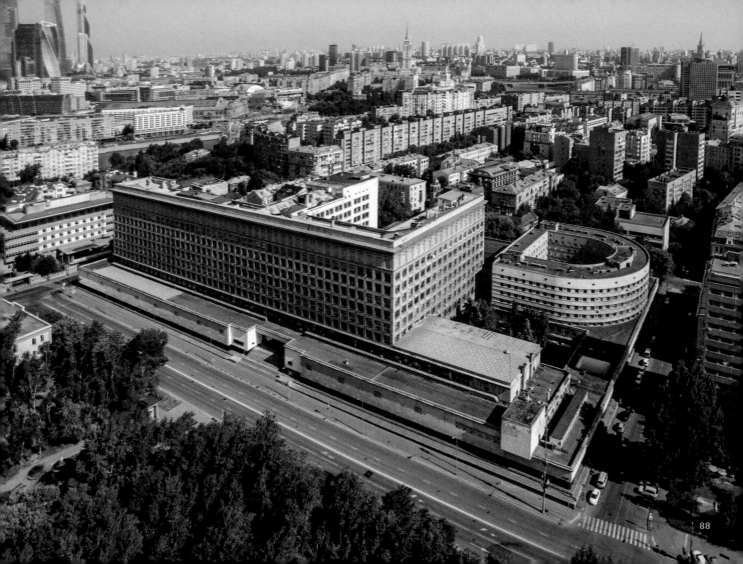

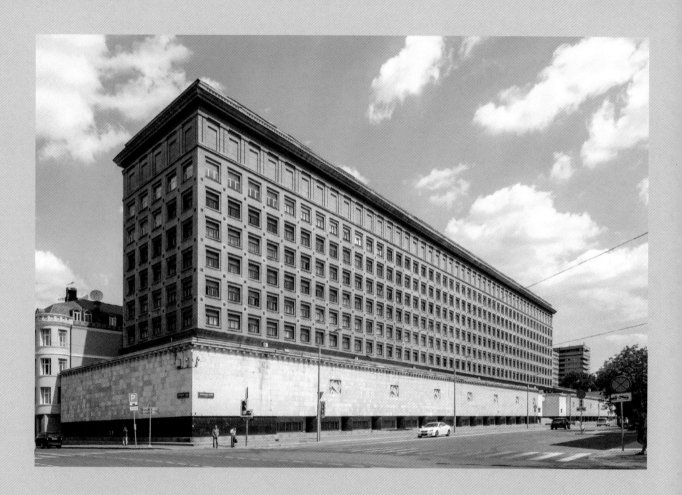

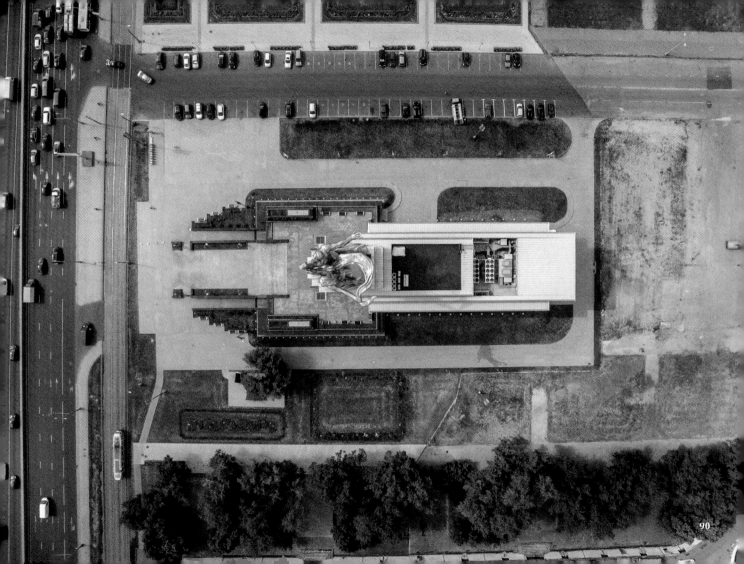

Скульптура Рабочий и колхозница
Worker and Kolkhoz Woman Sculpture
Skulptur Arbeiter und Kolchosbäuerin

1937
Иофан Борис Михайлович,
скульптор Мухина Вера Игнатьевна
Проспект Мира, дом 123б
Ⓜ ВДНХ

1937
Boris Mikhailovich Iofan,
artist Vera Ignatyevna Mukhina
123b Mir Avenue (Prospekt Mira)
Ⓜ VDNKh

1937
Boris Michailowitsch Iofan,
Bildhauerin Wera Ignatjewna Muchina
Mir-Prospekt 123b
Ⓜ WDNCh

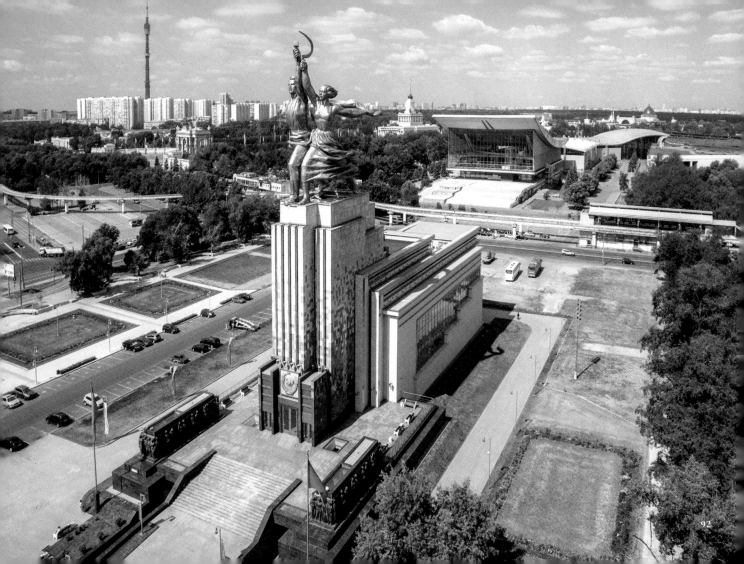

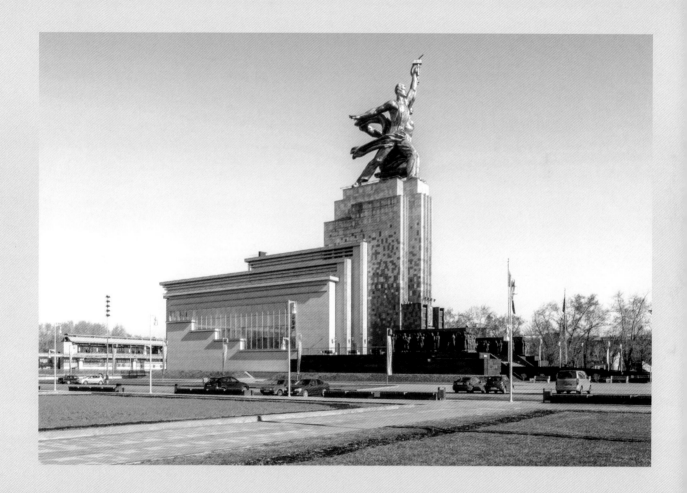

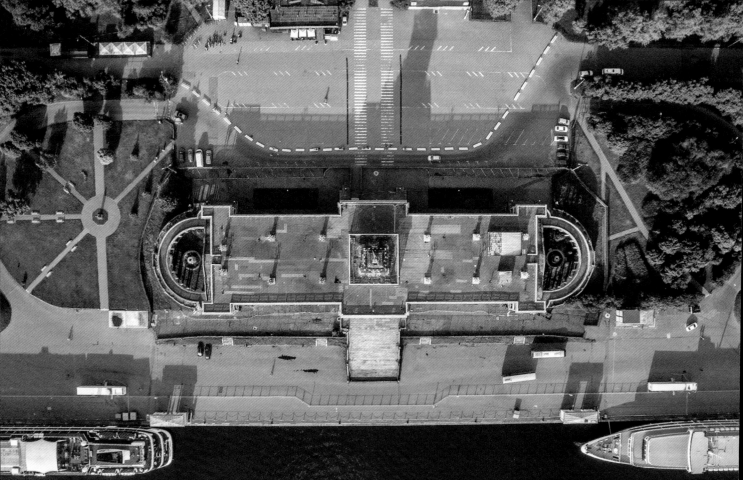

Северный речной вокзал
Northern River Port Terminal
Nördliches Flusshafen-Terminal

1937

1932–1937
Рухлядев Алексей Михайлович,
Кринский Владимир Фёдорович
Ленинградское шоссе, дом 51
Ⓜ Речной вокзал

1932–1937
Aleksey Mikhailovich Rukhlyadev,
Vladimir Fedorovich Krinsky
51 Leningradskoe Highway
Ⓜ Rechnoy Vokzal

1932–1937
Alexei Michailowitsch Ruchljadew,
Wladimir Fjodorowitsch Krinski
Leningradskoje-Chaussee 51
Ⓜ Retschnoi Woksal

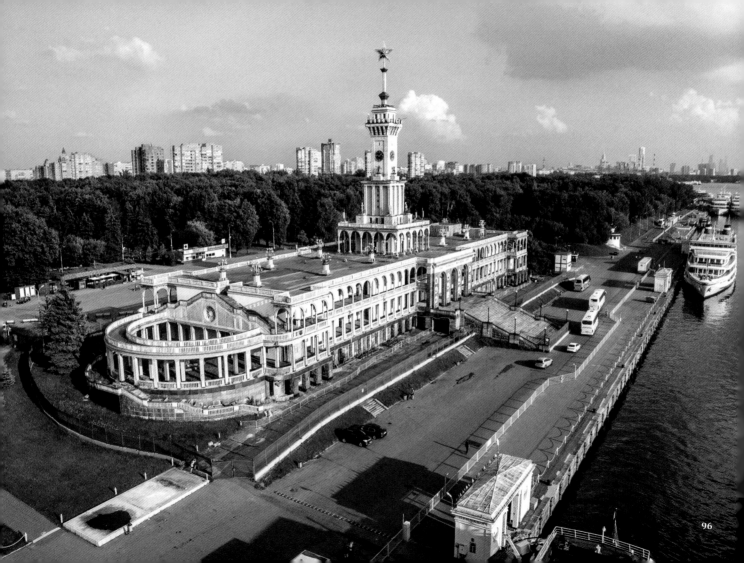

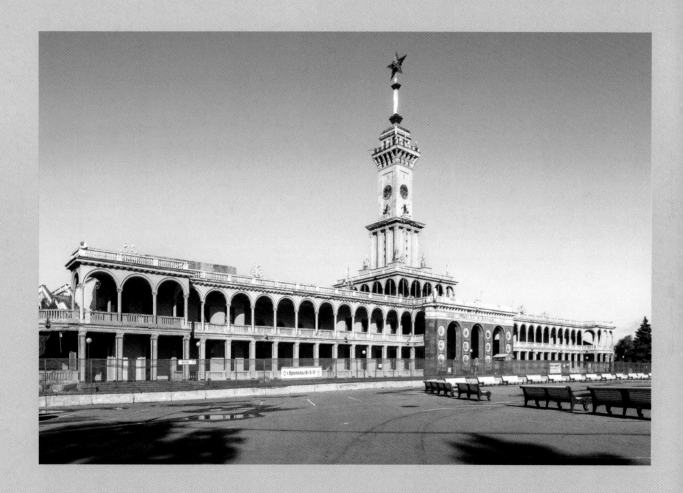

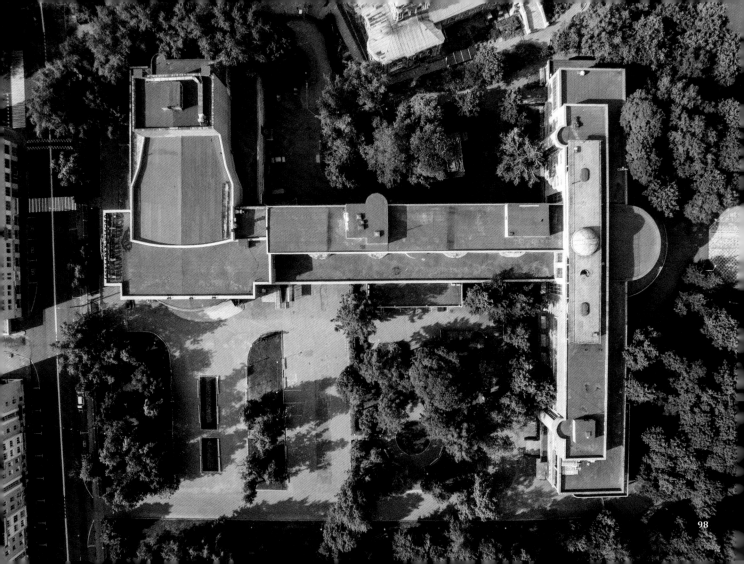

Дворец культуры автозавода имени Лихачёва (ДК ЗИЛ)
Likhachev Palace of Culture
Lichatschow-Kulturpalast

1931–1937
Веснин Александр Александрович,
Веснин Виктор Александрович,
Веснин Леонид Александрович
Восточная улица, дом 4, корпус 1
Ⓜ Автозаводская

1931–1937
Aleksandr Aleksandrovich Vesnin,
Viktor Aleksandrovich Vesnin,
Leonid Aleksandrovich Vesnin
4/1 Vostochnaya Street
Ⓜ Avtozavodskaya

1931–1937
Alexander Alexandrowitsch Wesnin,
Wiktor Alexandrowitsch Wesnin,
Leonid Alexandrowitsch Wesnin
Wostotschnaja-Straße 4/1
Ⓜ Awtosawodskaja

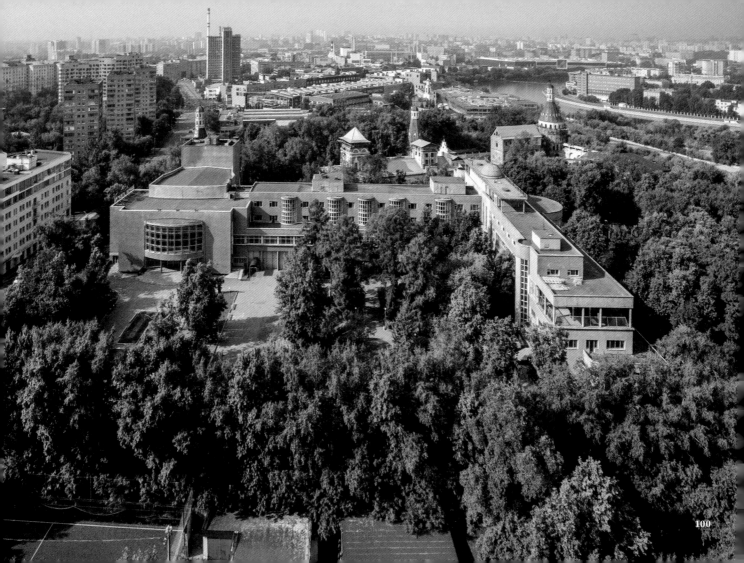

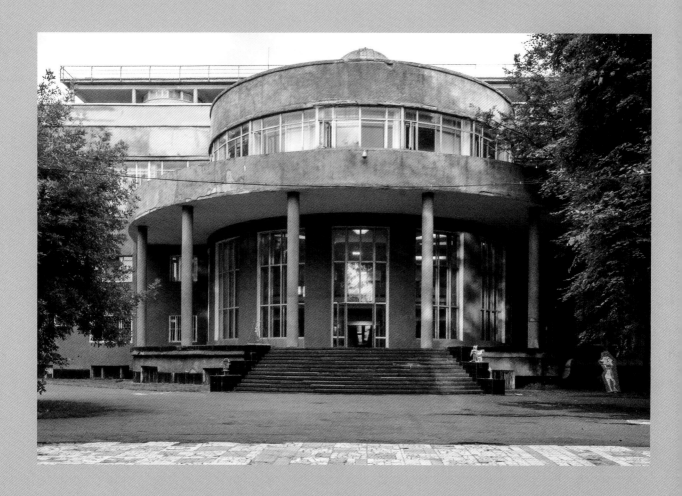

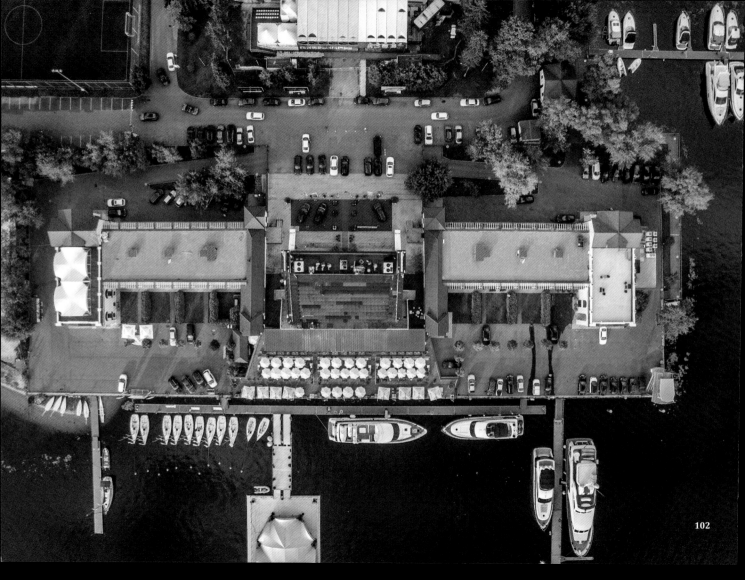

Водный стадион Динамо
Dinamo Water Stadium
Wasserstadion Dinamo

1938

1938
Мовчан Геннадий Яковлевич
Ленинградское шоссе, дом 39/6
Ⓜ Водный стадион

1938
Gennady Yakovlevich Movchan
39/6 Leningradskoe Highway
Ⓜ Vodny Stadion

1938
Gennadi Jakowlewitsch Mowtschan
Leningradskoje-Chaussee 39/6
Ⓜ Wodny Stadion

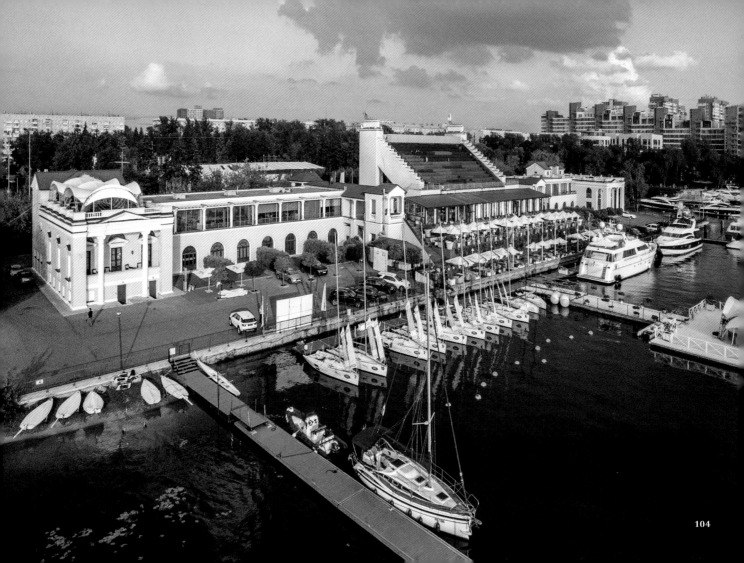

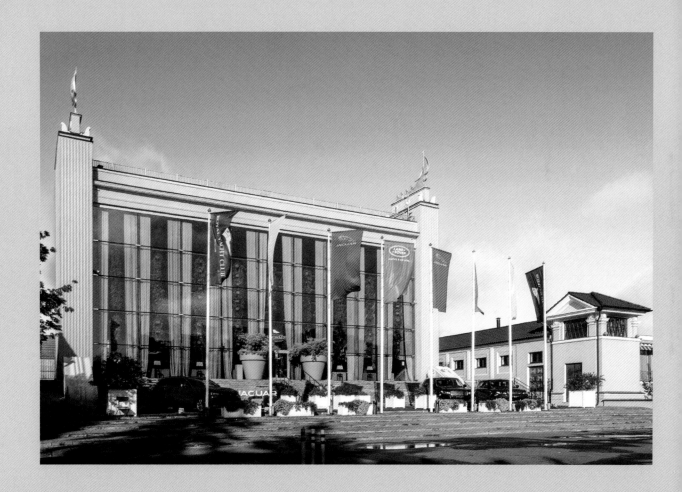

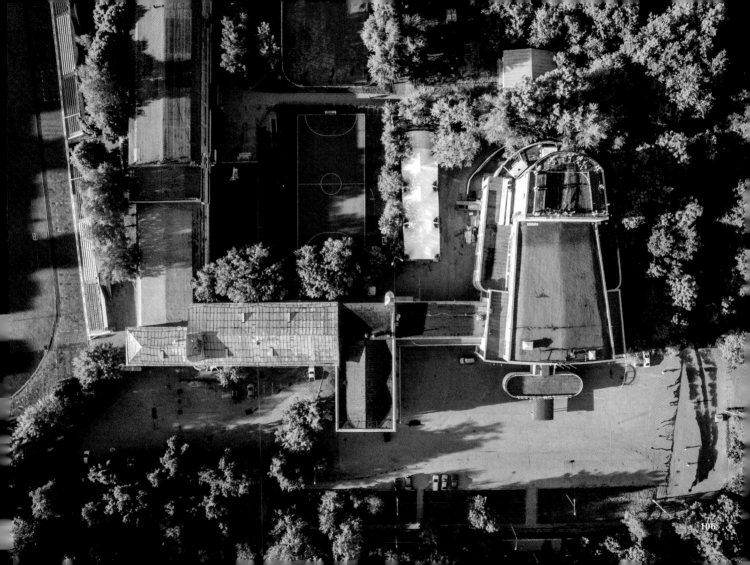

Дворец культуры имени С. П. Горбунова
Gorbunov Palace of Culture
Gorbunow-Kulturpalast

1931–1938
Корнфельд Яков Абрамович
Новозаводская улица, дом 27
Ⓜ Багратионовская

1931–1938
Yakov Abramovich Kornfeld
27 Novozavodskaya Street
Ⓜ Bagrationovskaya

1931–1938
Jakow Abramowitsch Kornfeld
Nowosawodskaja-Straße 27
Ⓜ Bagrationowskaja

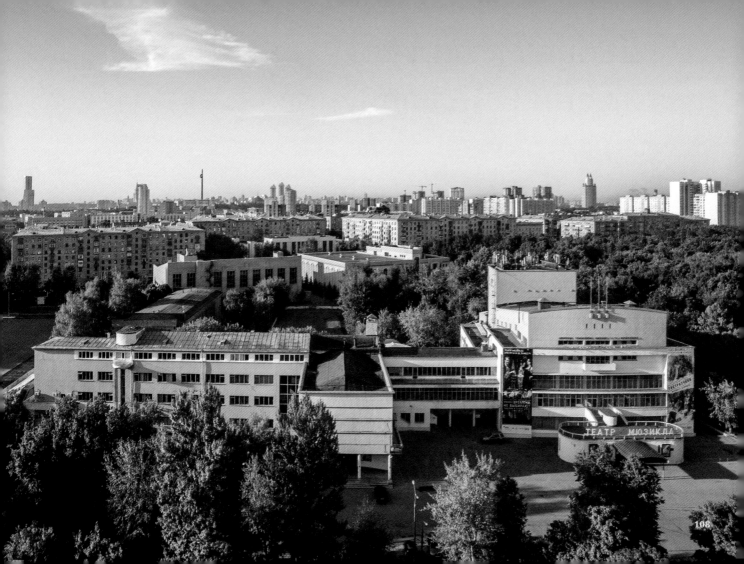

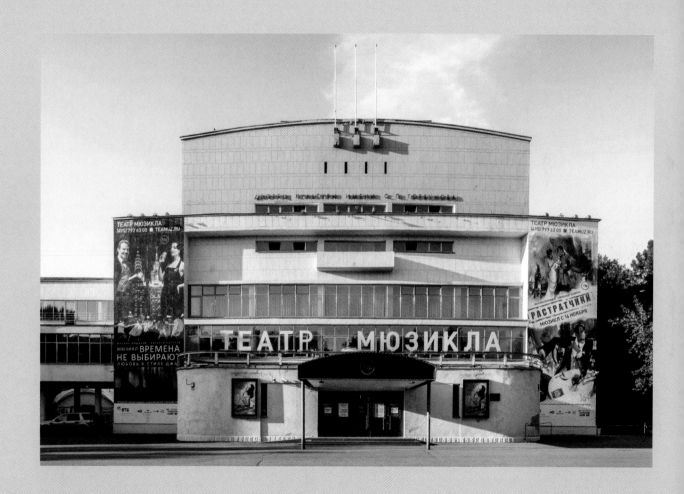

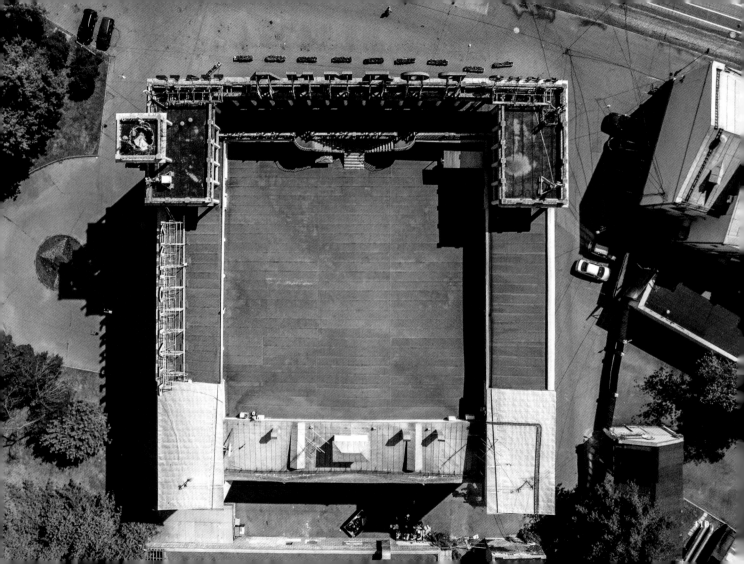

Кинотеатр Родина
Rodina Movie Theatre
Kinotheater Rodina

1938

1937–1938
Корнфельд Яков Абрамович,
Калмыков Виктор Петрович
Измайловский Вал, дом 5
Ⓜ Семёновская

1937–1938
Yakov Abramovich Kornfeld,
Viktor Petrovich Kalmykov
5 Izmailovsky Val
Ⓜ Semenovskaya

1937–1938
Jakow Abramowitsch Kornfeld,
Wiktor Petrowitsch Kalmykow
Ismailowski Wal 5
Ⓜ Semjonowskaja

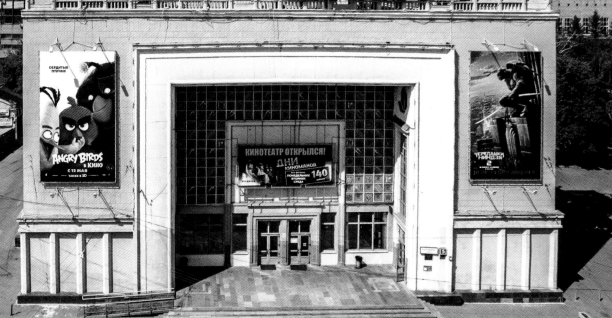

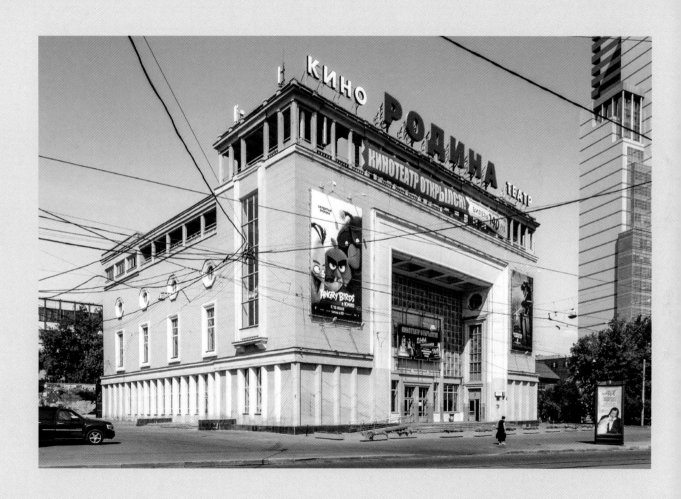

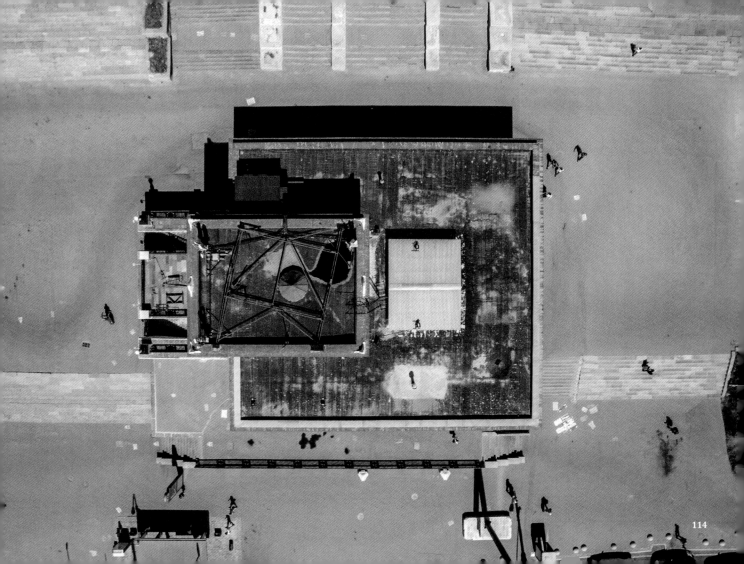

Павильон станции Динамо

Entrance of the Dinamo Metro Station

Zugangsgebäude der Metro-station Dinamo

1938
Чечулин Дмитрий Николаевич
Ⓜ Динамо

1938
Dmitry Nikolaevich Chechulin
Ⓜ Dinamo

1938
Dmitri Nikolajewitsch Tschetschulin
Ⓜ Dinamo

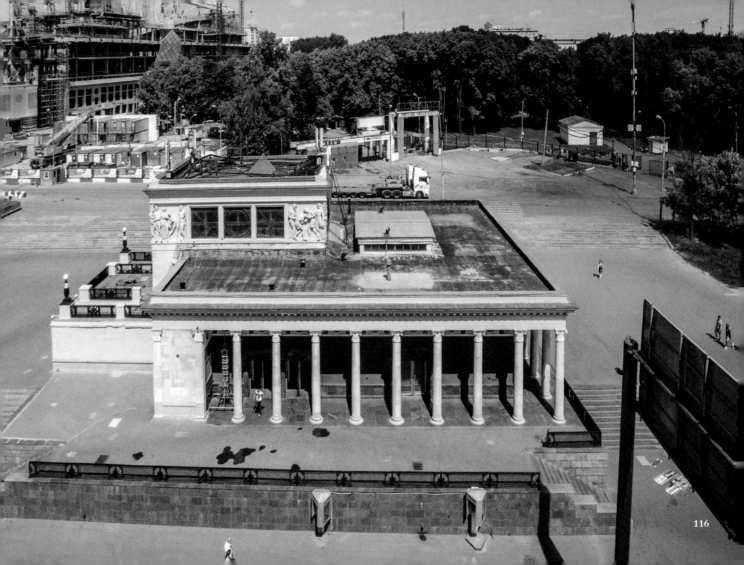

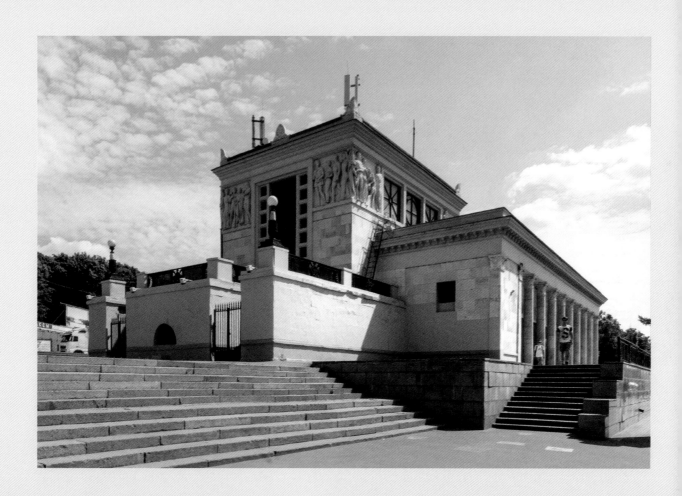

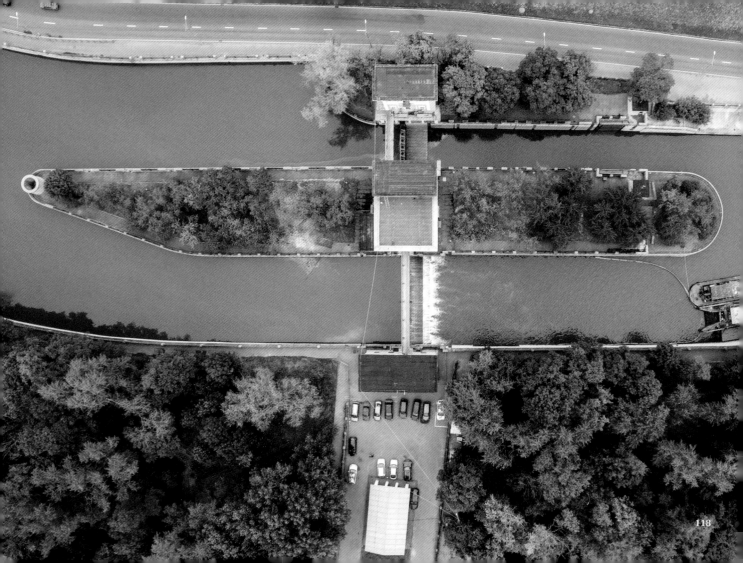

118

Шлюз № 2 Яузского узла

Yauza Sluice No. 2

Jausa-Schleusenanlage Nr. 2

1936–1939
Гольц Георгий Павлович
Набережная Академика Туполева,
дом 4, строение 1
Ⓜ Чкаловская

1936–1939
Georgy Pavlovich Golts
4 Akademik Tupolev Embankment,
building 1
Ⓜ Chkalovskaya

1936–1939
Georgi Pawlowitsch Golz
Akademik-Tupolew-Ufer 4,
Haus 1
Ⓜ Tschkalowskaja

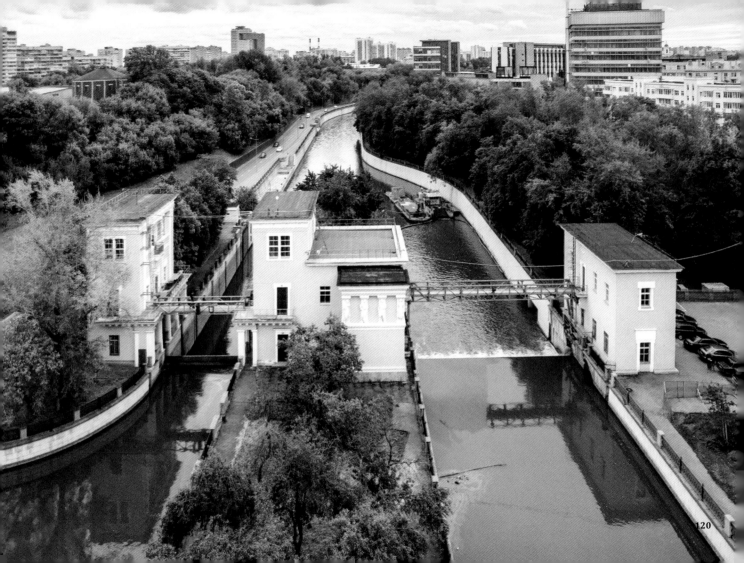

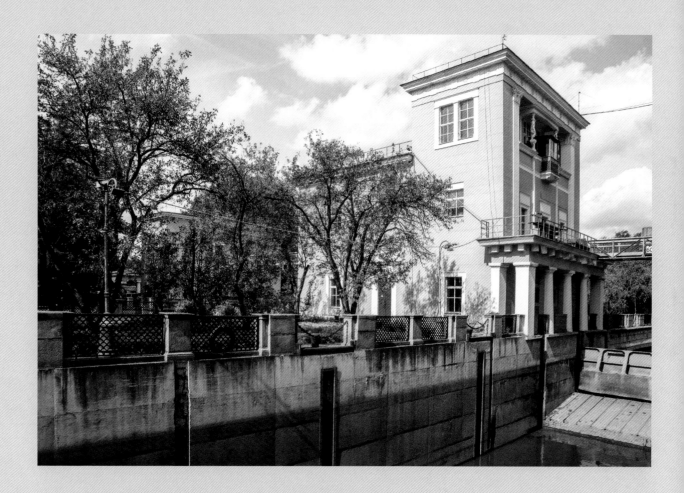

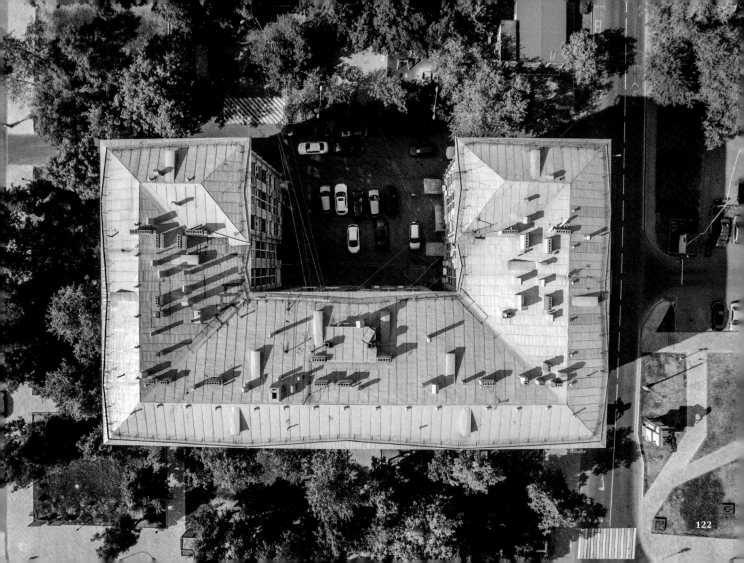

Ажурный дом
Azhurny House
Aschurny-Wohnanlage

1936–1940
Буров Андрей Константинович,
Блохин Борис Николаевич
Ленинградский проспект, дом 27
Ⓜ Динамо

1936–1940
Andrey Konstantinovich Burov,
Boris Nikolaevich Blokhin
27 Leningradsky Avenue
Ⓜ Dinamo

1936–1940
Andrei Konstantinowitsch Burow,
Boris Nikolajewitsch Blochin
Leningradski-Prospekt 27
Ⓜ Dinamo

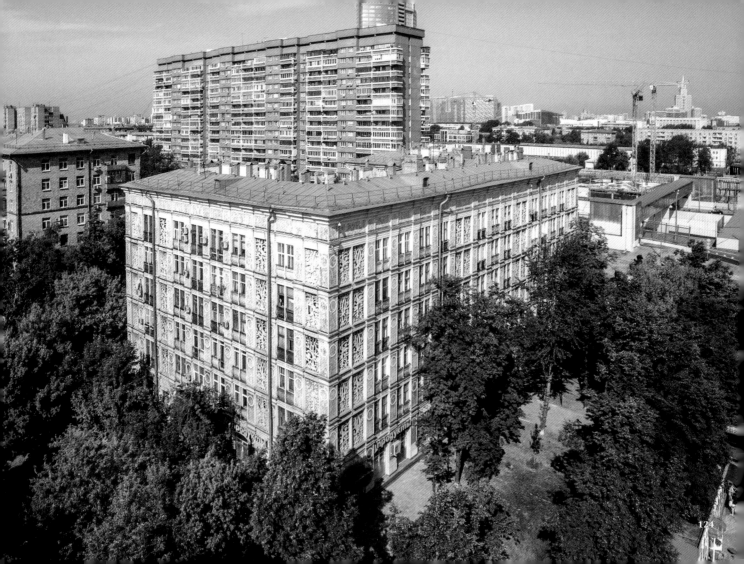

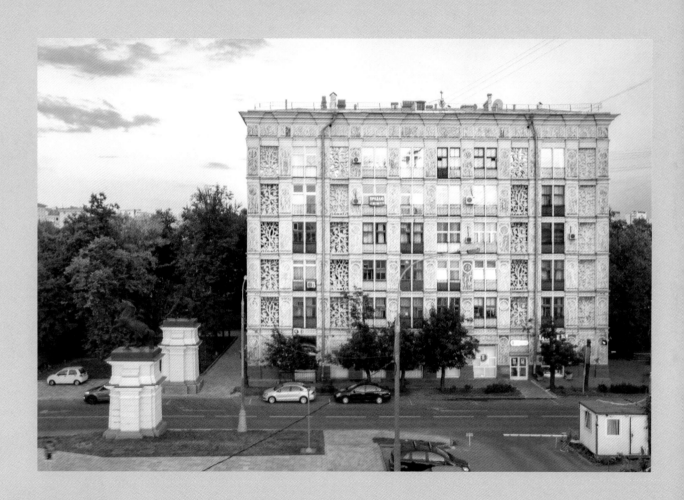

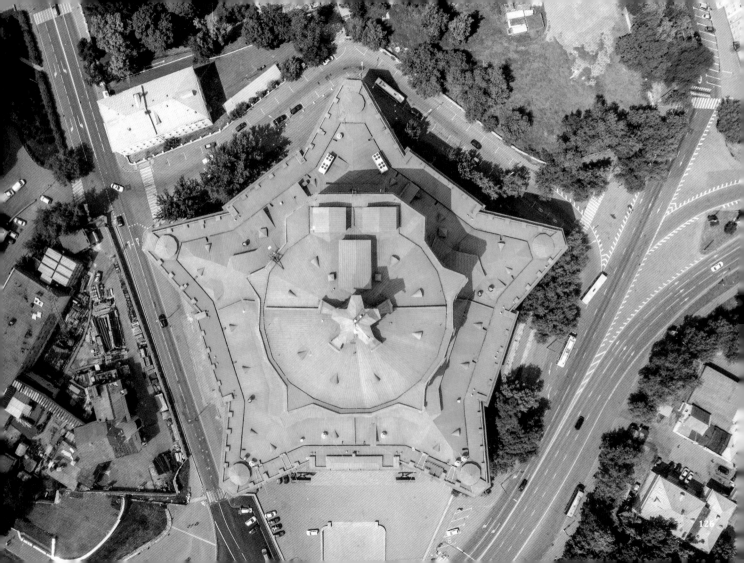

Театр Красной Армии

Red Army Theatre

Theater der Roten Armee

1940

1934–1940
Алабян Каро Семёнович,
Симбирцев Василий Николаевич
Суворовская площадь, дом 2
Ⓜ Достоевская

1934–1940
Karo Semenovich Alabyan,
Vasily Nikolaevich Simbirtsev
2 Suvorovskaya Square
Ⓜ Dostoevskaya

1934–1940
Karo Semjonowitsch Alabjan,
Wassili Nikolajewitsch Simbirzew
Suworowskaja-Platz 2
Ⓜ Dostojewskaja

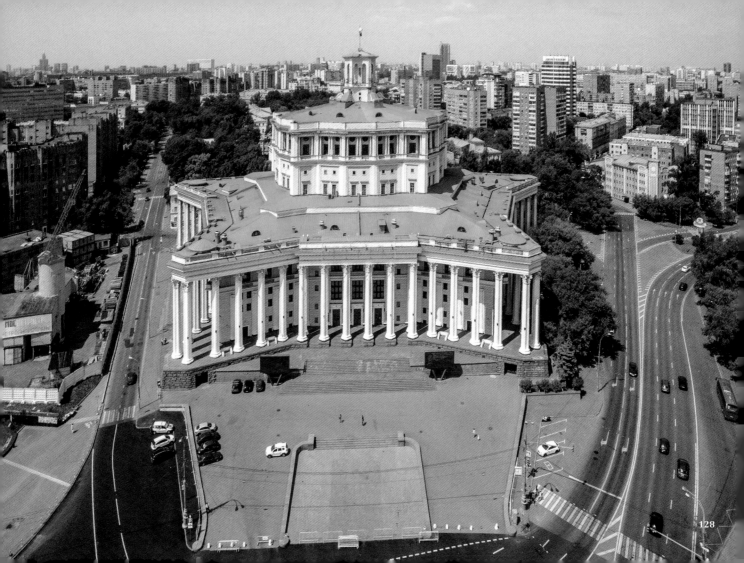

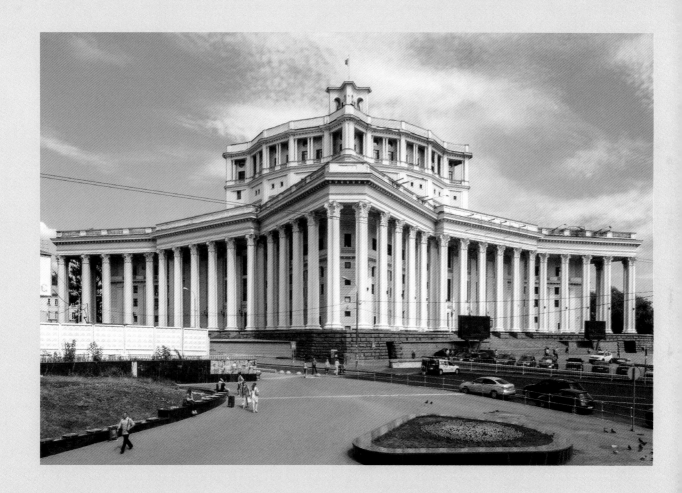

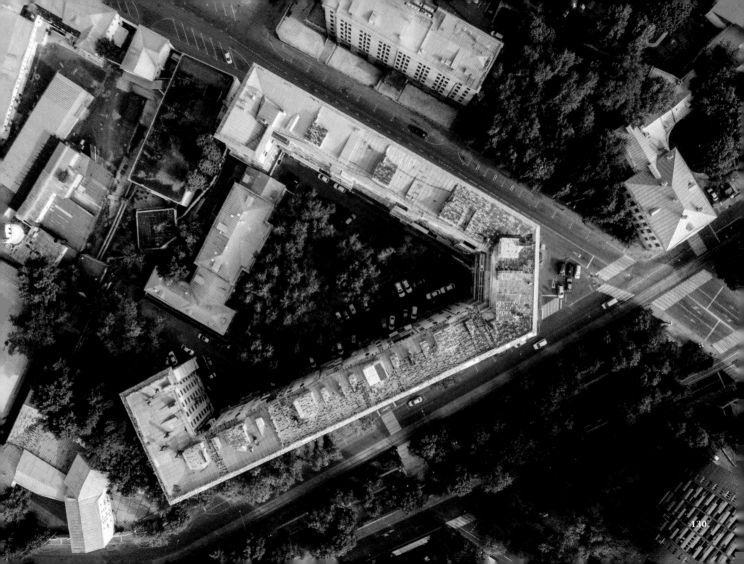

Жилой дом военно-инженерной Академии им. Куйбышева

Residential Building of the Kuibyshev Military Academy

Wohnanlage der Kuibyschew-Militärakademie

1941

1934–1941
Голосов Илья Александрович
Подколокольный переулок, 16/2-2
Ⓜ Китай-город

1934–1941
Ilya Aleksandrovich Golosov
16/2-2 Podkolokolny Lane
Ⓜ Kitay-Gorod

1934–1941
Ilja Alexandrowitsch Golossow
Podkolokolny-Gasse 16/2-2
Ⓜ Kitai-Gorod

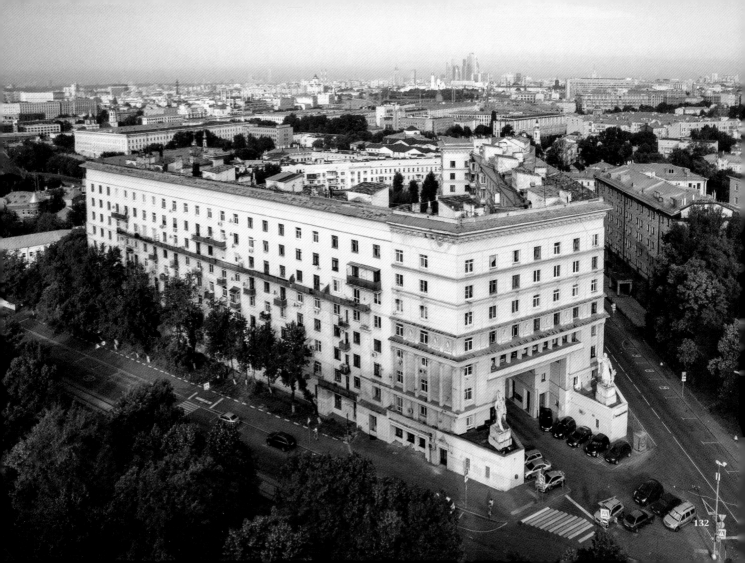

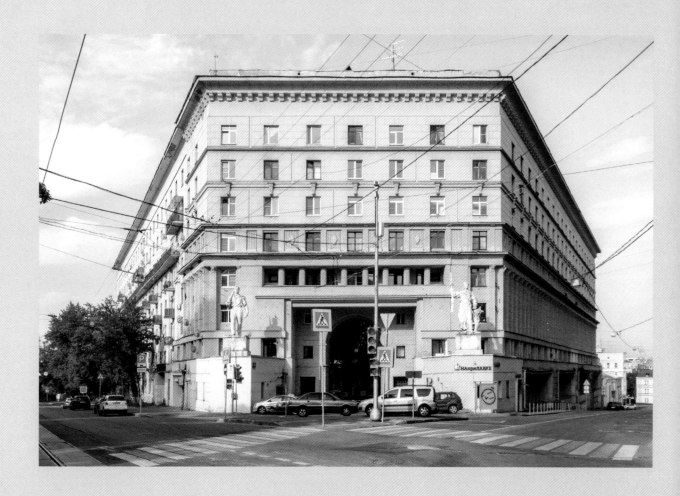

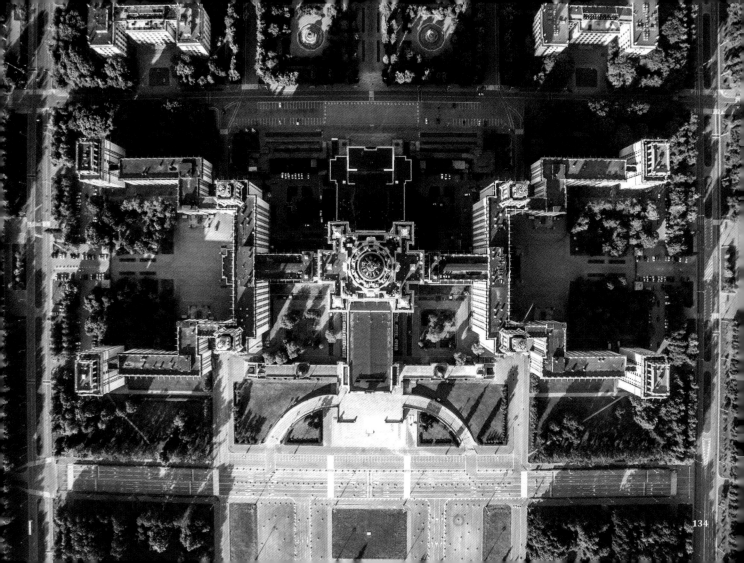

Главное здание МГУ

Lomonosov Moscow State University's Main Building

Hauptgebäude der Lomonossow-Universität Moskau

1953

1949–1953
*Руднев Лев Владимирович,
Насонов Всеволод Николаевич,
Чернышёв Сергей Егорович,
Абросимов Павел Васильевич,
Хряков Александр Фёдорович*
Ленинские горы, дом 1
Ⓜ Университет

1949–1953
*Lev Vladimirovich Rudnev,
Vsevolod Nikolaevich Nasonov,
Sergey Egorovich Chernyshev,
Pavel Vasilyevich Abrosimov,
Aleksandr Fedorovich Khryakov*
1 Leninskie gory
Ⓜ Universitet

1949–1953
*Lew Wladimirowitsch Rudnew,
Wsewolod Nikolajewitsch Nassonow,
Sergei Jegorowitsch Tschernyschow,
Pawel Wassiljewitsch Abrossimow,
Alexander Fjodorowitsch Chrjakow*
Leninskie gory 1
Ⓜ Uniwersitet

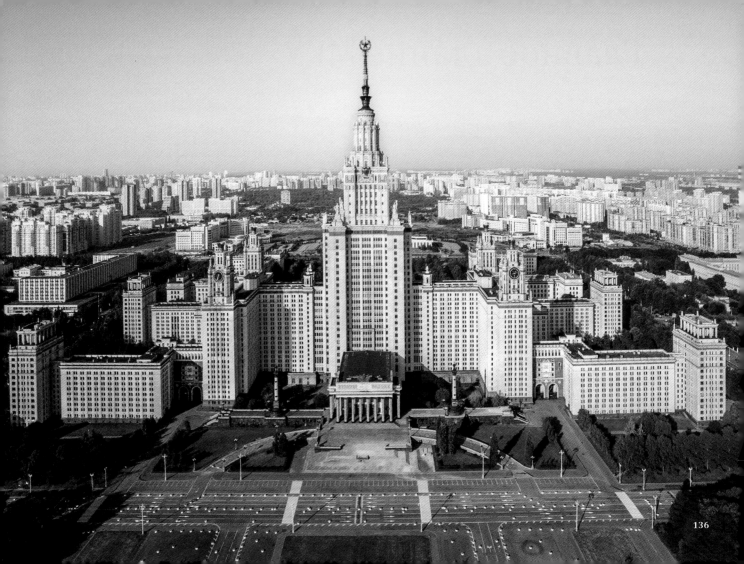

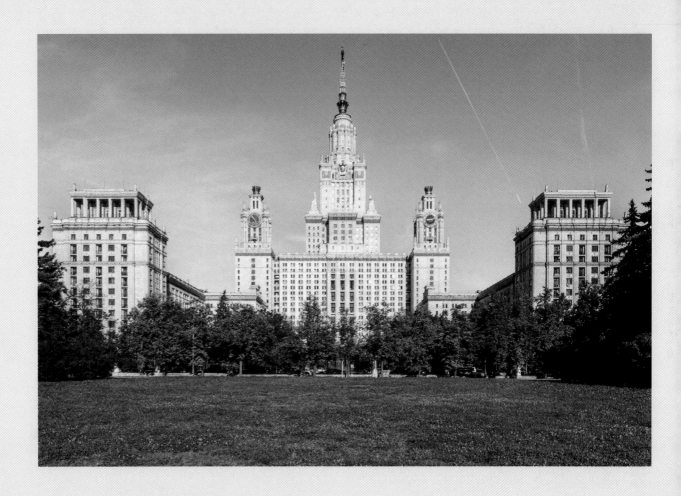

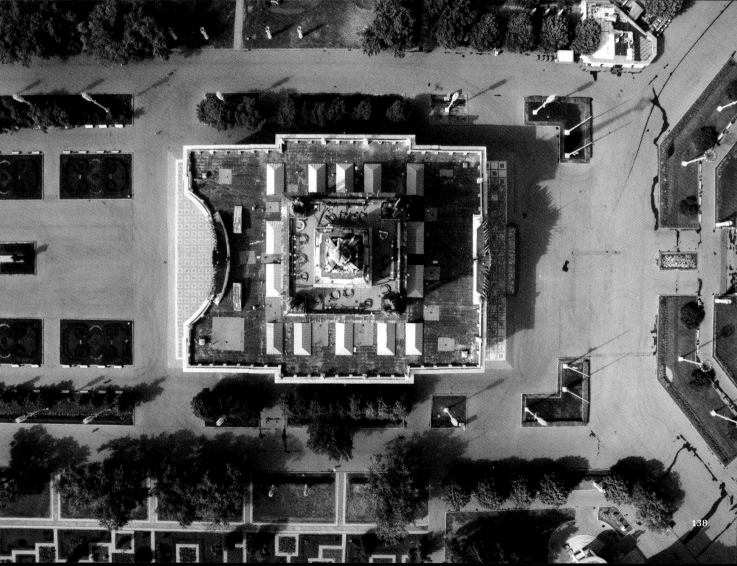

Центральный павильон ВДНХ
VDNKh Central Pavilion
Zentraler WDNCh-Pavillon

1954

1954
Щуко Юрий Владимирович,
Столяров Евгений Алексеевич
Проспект Мира, дом 119, строение 1
Ⓜ ВДНХ

1954
Yuri Vladimirovich Shchuko,
Evgeny Alekseevich Stoljarov
119/1 Mir Avenue (Prospekt Mira)
Ⓜ VDNKh

1954
Juri Wladimirowitsch Schtschuko,
Jewgeni Alexejewitsch Stoljarow
Mir-Prospekt 119/1
Ⓜ WDNCh

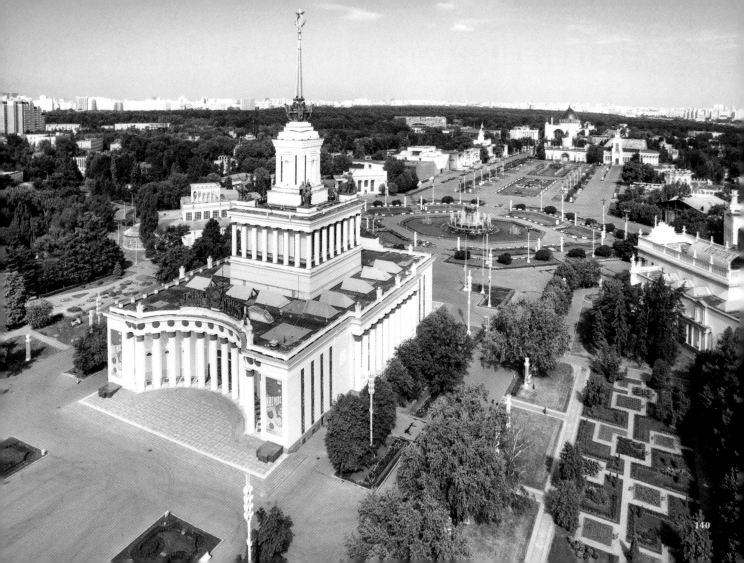

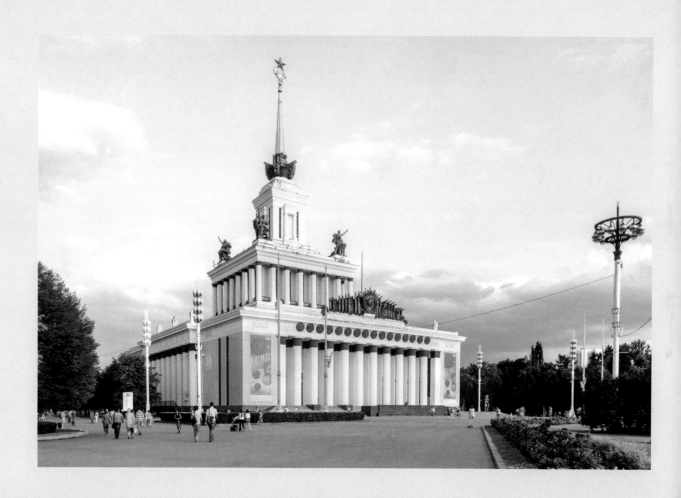

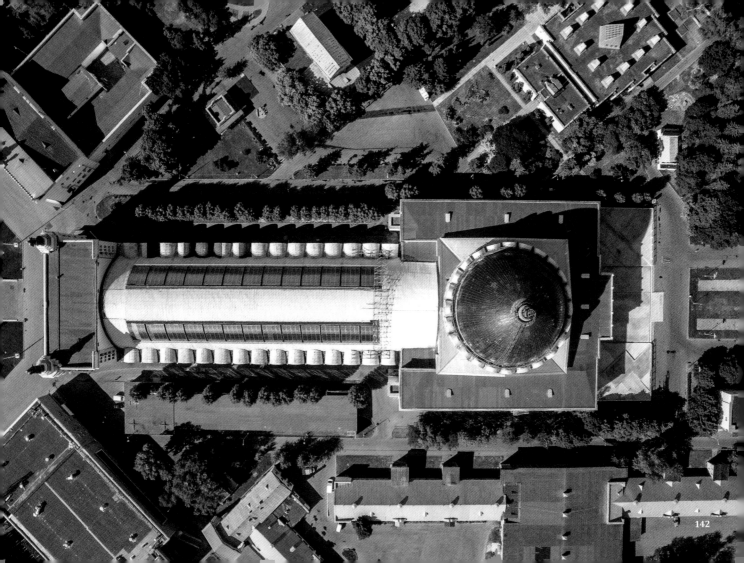

Павильон № 32–34 ВДНХ
Космос · Машиностроение

Pavilion No. 32–34 of the VDNKh
Space · Machine Engineering

WDNCh-Pavillon Nr. 32–34
Kosmos · Maschinenbau

1954

1939–1954
Андреев Виктор Семёнович,
Таранов Иван Георгиевич,
Быкова Надежда Александровна
Проспект Мира, дом 119, строение 34
Ⓜ ВДНХ

1939–1954
Viktor Semenovich Andreev,
Ivan Georgievich Taranov,
Nadezhda Aleksandrovna Bykova
119/34 Mir Avenue (Prospekt Mira)
Ⓜ VDNKh

1939–1954
Wiktor Semjonowitsch Andrejew,
Iwan Georgijewitsch Taranow,
Nadeschda Alexandrowna Bykowa
Mir-Prospekt 119/34
Ⓜ WDNCh

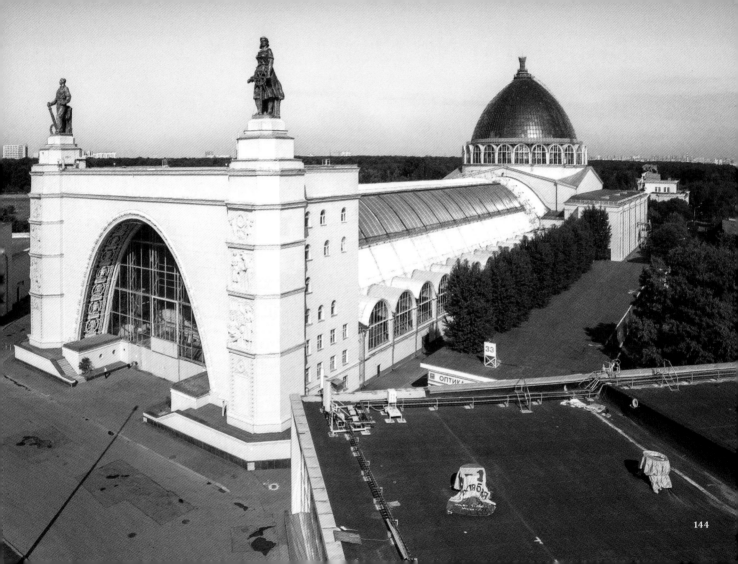

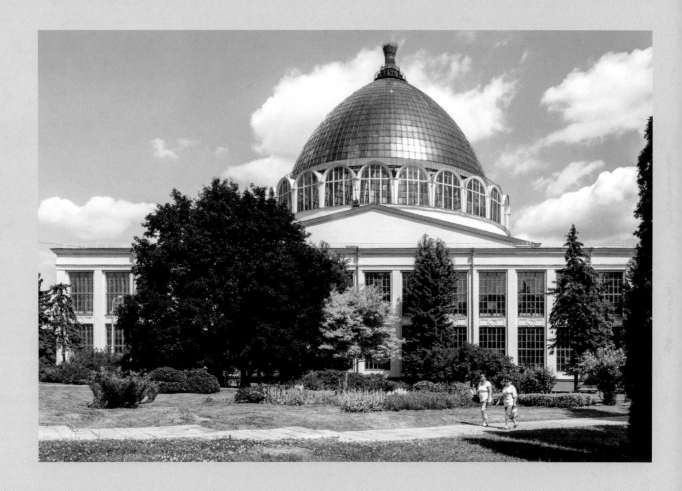

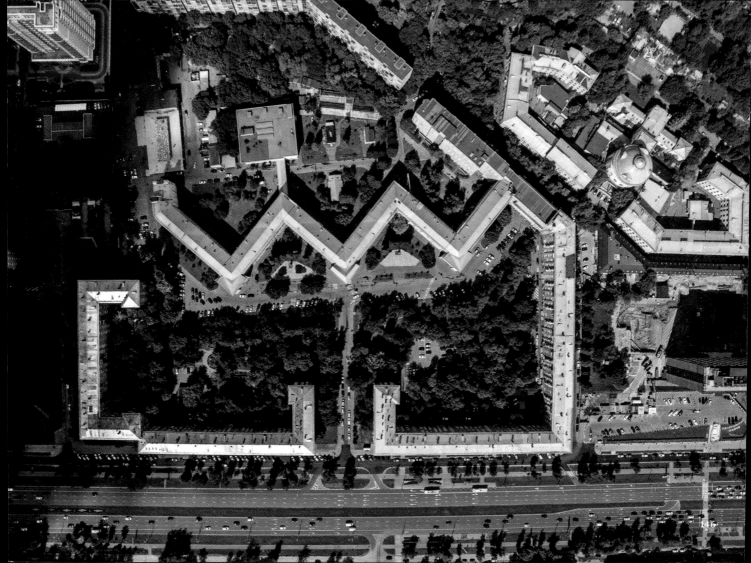

Здание Всесоюзного центрального совета профессиональных союзов

Central Council of Unions Headquarters Building

Zentralrat der sowjetischen Gewerkschaften

1958

1931–1958
Власов Александр Васильевич
Ленинский проспект, дом 42/1-2-3
🅜 Воробьёвы Горы

1931–1958
Aleksandr Vasilyevich Vlasov
42/1-2-3 Leninsky Avenue
🅜 Vorobevy Gory

1931–1958
Alexander Wassiljewitsch Wlassow
Leninski-Prospekt 42/1-2-3
🅜 Worobjowy Gory

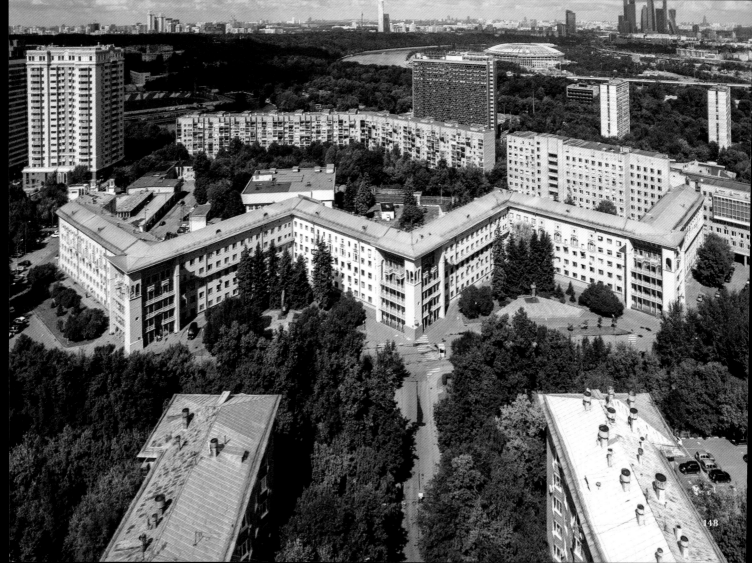

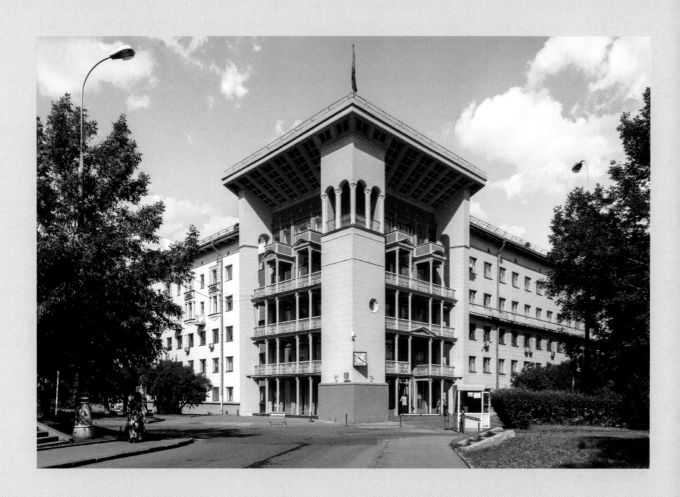

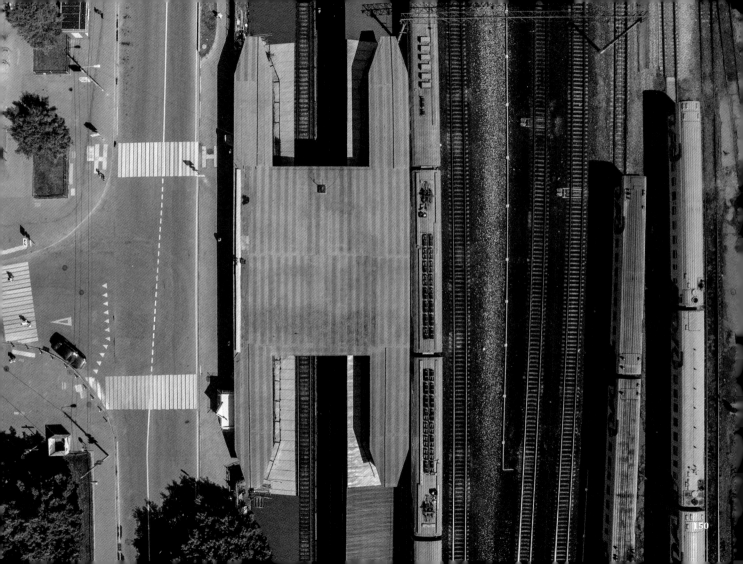

Наземная станция метро Студенческая

Studencheskaya Metro Station

Metrostation Studentscheskaja

1958
Зенкевич Юрий,
Погребной Римидалв Иванович
Ⓜ Студенческая

1958
Yuri Zenkevich,
Rimidalv Ivanovich Pogrebnoy
Ⓜ Studencheskaya

1958
Juri Senkewitsch,
Rimidalw Iwanowitsch Pogrebnoi
Ⓜ Studentscheskaja

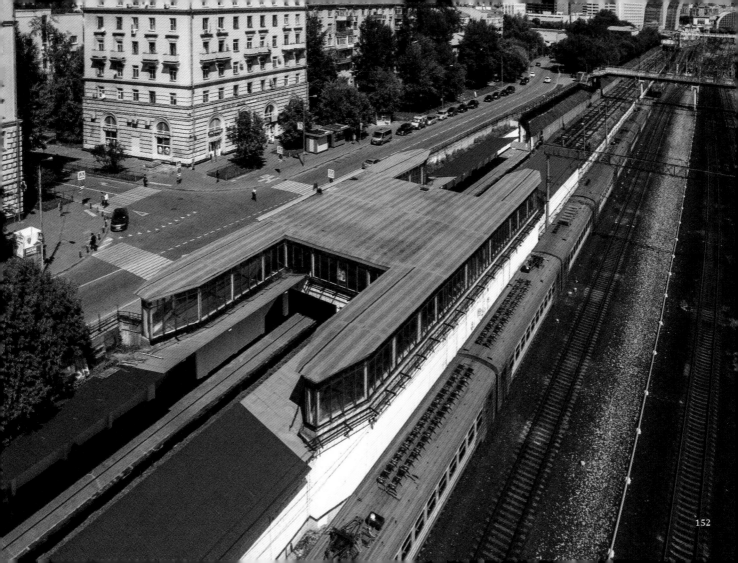

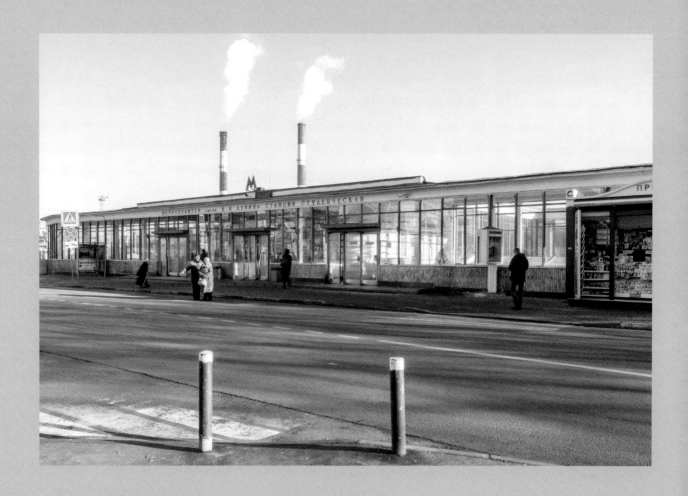

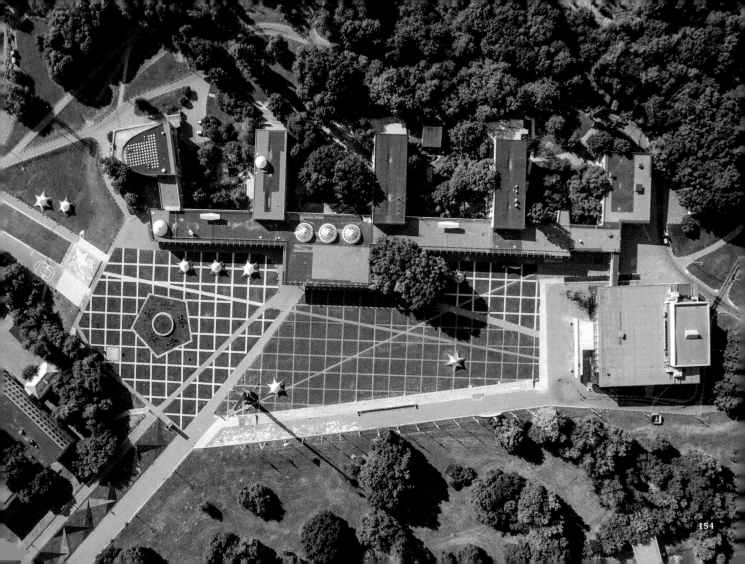

Дворец пионеров
Palace of Pioneers
Pionierpalast

1958–1962
Егерев Виктор Сергеевич,
Кубасов Владимир Степанович,
Новиков Феликс Аронович,
Покровский Игорь Александрович,
Палуй Борис Владимирович,
Хажакян Михаил Николаевич,
Ионов Юрий Иванович
Улица Косыгина, дом 17
Ⓜ Университет

1958–1962
Viktor Sergeevich Egerev,
Vladimir Stepanovich Kubasov,
Feliks Aronovich Novikov,
Igor Aleksandrovich Pokrovsky,
Boris Vladimirovich Paluy,
Mikhail Nikolaevich Khazhakyan,
Yuri Ivanovich Ionov
17 Kosygin Street
Ⓜ Universitet

1958–1962
Wiktor Sergejewitsch Jegerew,
Wladimir Stepanowitsch Kubassow,
Felix Aronowitsch Nowikow,
Igor Alexandrowitsch Pokrowski,
Boris Wladimirowitsch Palui,
Michail Nikolajewitsch Chaschakjan,
Juri Iwanowitsch Ionow
Kosygin-Straße 17
Ⓜ Uniwersitet

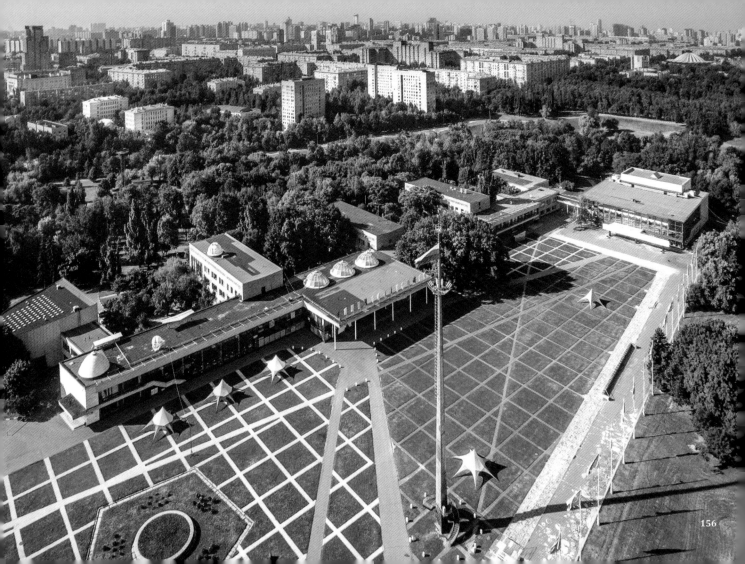

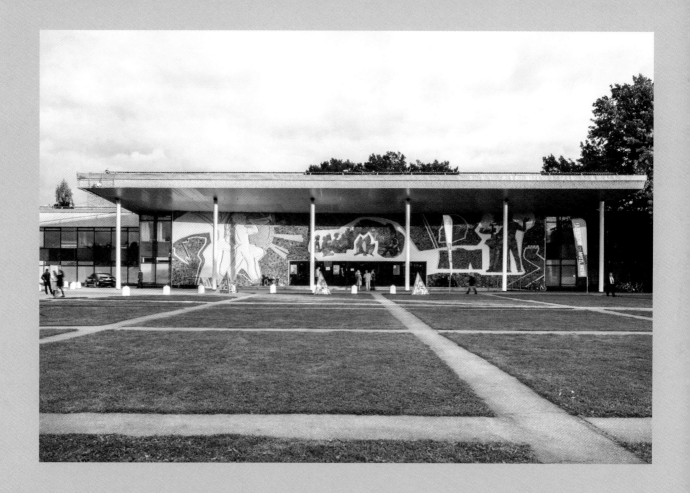

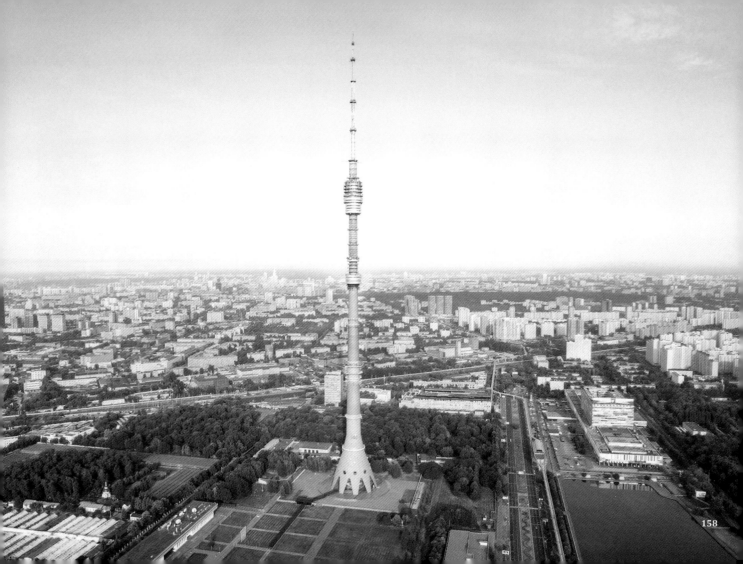

Телевизионная башня в Останкино

Ostankino Television Tower

Fernsehturm Ostankino

1960–1967
Баталов Леонид Ильич,
Бурдин Дмитрий Иванович,
Шкуд Моисей Абрамович
Улица Академика Королёва, дом 15/2
Ⓜ Бутырская

1960–1967
Leonid Ilyich Batalov,
Dmitry Ivanovich Burdin,
Moisey Abramovich Shkud
15/2 Akademik Korolev Street
Ⓜ Butyrskaya

1960–1967
Leonid Iljitsch Batalow,
Dmitri Iwanowitsch Burdin,
Moissei Abramowitsch Schkud
Akademik-Koroljow-Straße 15/2
Ⓜ Butyrskaja

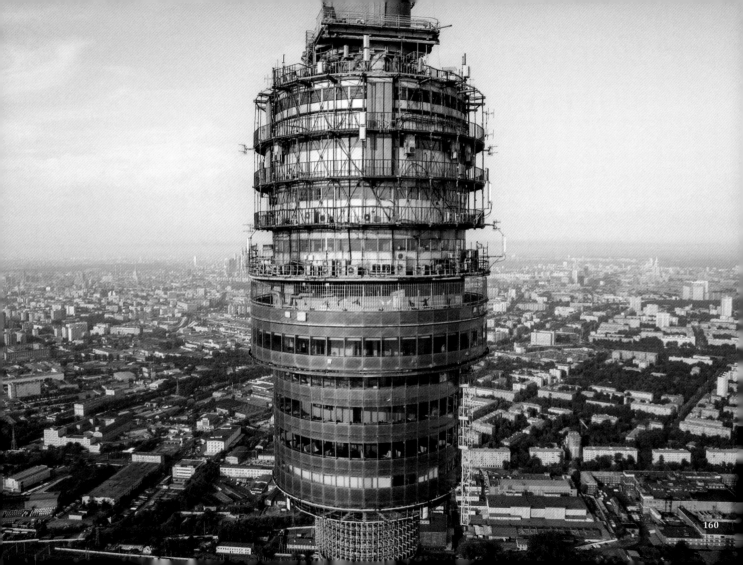

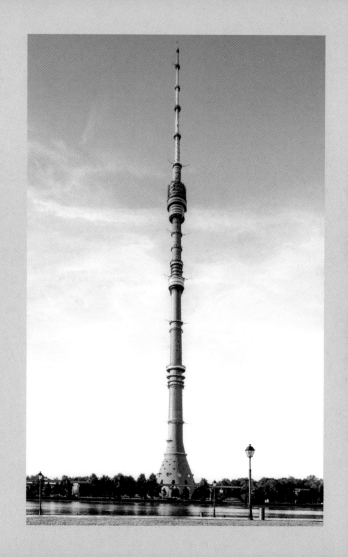

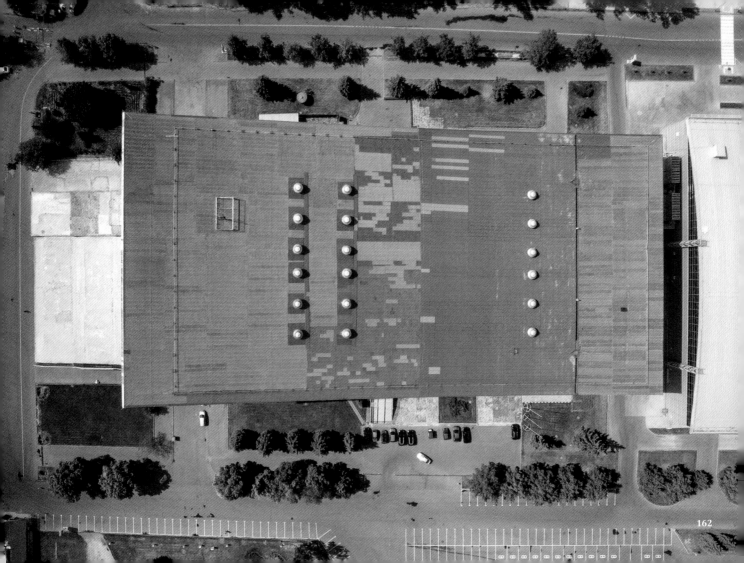

Павильон СССР на ЭКСПО-67 (Павильон № 70 ВДНХ)

USSR Pavilion at the Expo 67 (Pavilion No. 70 of the VDNKh)

Sowjetischer Pavillon der Expo 67 (WDNCh-Pavillon Nr. 70)

1967

1967
Посохин Михаил Васильевич,
Мндоянц Ашот Ашотович,
Тхор Борис Иванович
Проспект Мира, дом 119, строение 70
Ⓜ ВДНХ

1967
Mikhail Vasilyevich Posokhin,
Ashot Ashotovich Mndojants,
Boris Ivanovich Tkhor
119/70 Mir Avenue (Prospekt Mira)
Ⓜ VDNKh

1967
Michail Wassiljewitsch Possochin,
Aschot Aschotjewitsch Mndojanz,
Boris Iwanowitsch Tchor
Mir-Prospekt 119/70
Ⓜ WDNCh

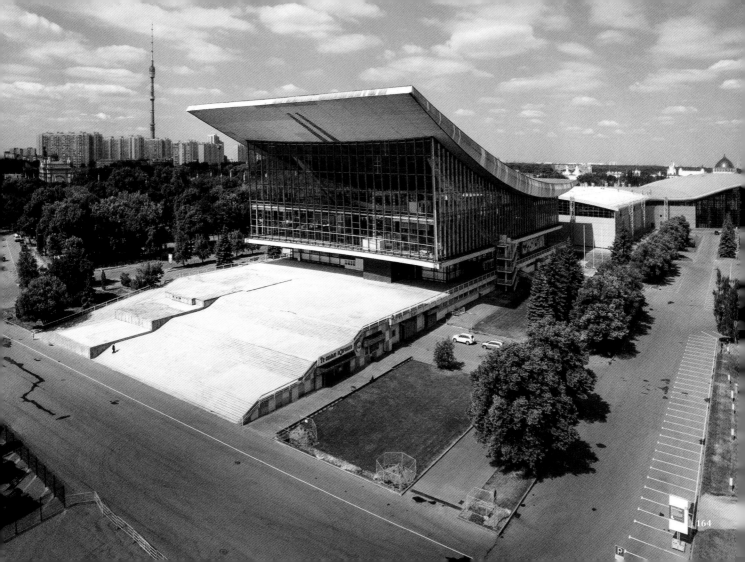

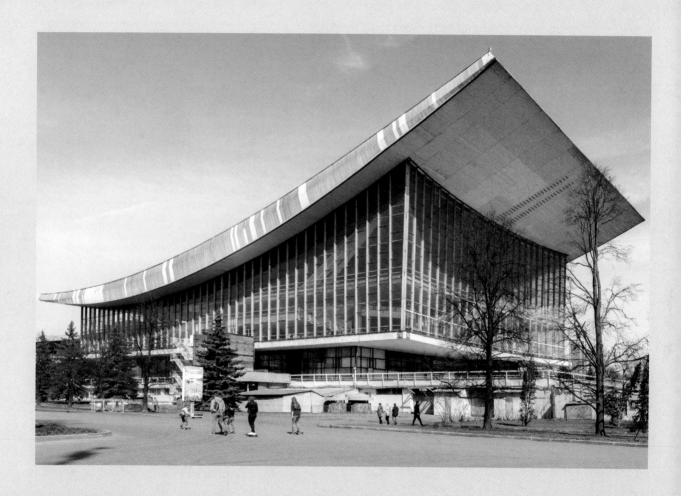

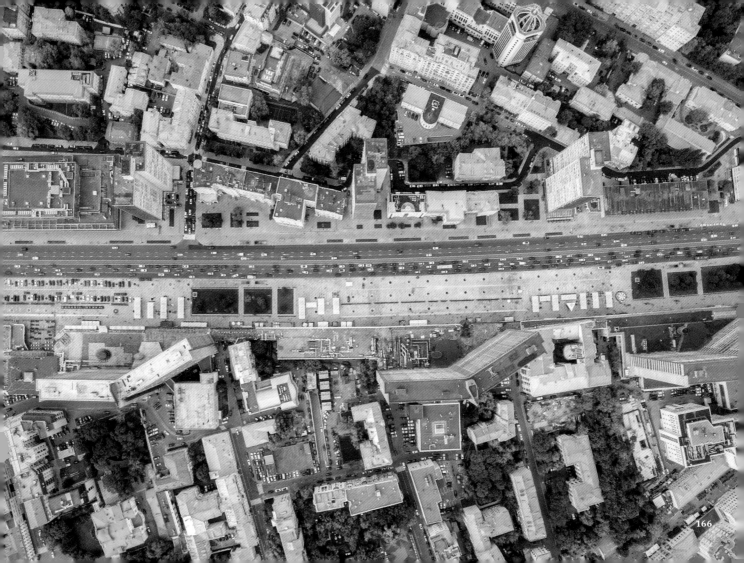

Новый Арбат
New Arbat
Neuer Arbat

1962–1968
Посохин Михаил Васильевич,
Мндоянц Ашот Ашотович,
Макаревич Глеб Васильевич,
Тхор Борис Иванович,
Айрапетов Шаген Александрович,
Покровский Игорь Александрович и др.
Улица Новый Арбат, дома 11, 15, 19, 21
Ⓜ Арбатская

1962–1968
Mikhail Vasilyevich Posokhin,
Ashot Ashotovich Mndojants,
Gleb Vasilyevich Makarevich,
Boris Ivanovich Tkhor,
Shagen Aleksandrovich Ayrapetov,
Igor Aleksandrovich Pokrovsky et al.
11, 15, 19, 21 Novy Arbat Street
Ⓜ Arbatskaya

1962–1968
Michail Wassiljewitsch Possochin,
Aschot Aschotjewitsch Mndojanz,
Gleb Wassiljewitsch Makarwitsch,
Boris Iwanowitsch Tchor,
Schagen Alexandrowitsch Airapetow,
Igor Alexandrowitsch Pokrowski u. a.
Nowy-Arbat-Straße 11, 15, 19, 21
Ⓜ Arbatskaja

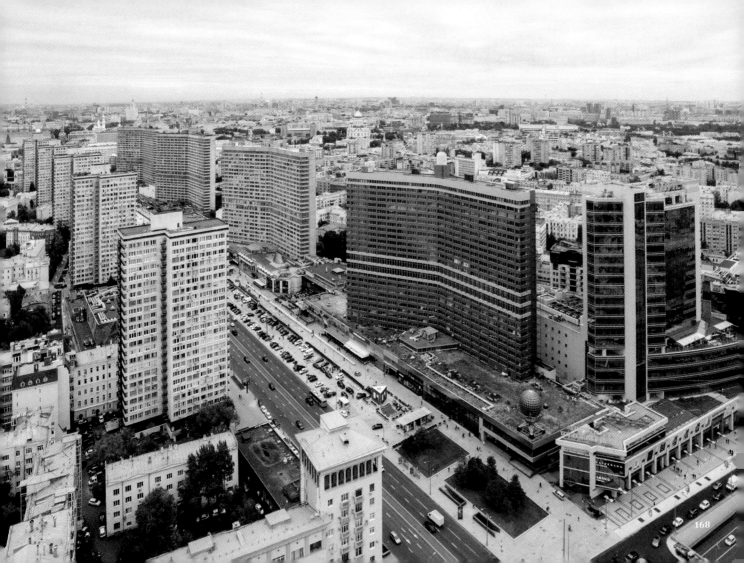

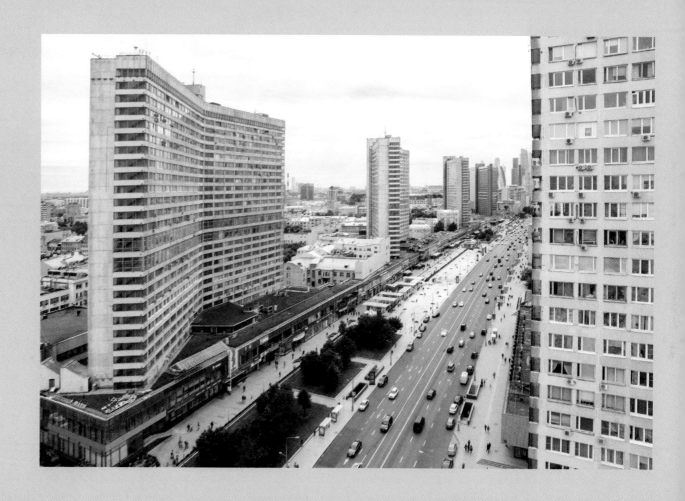

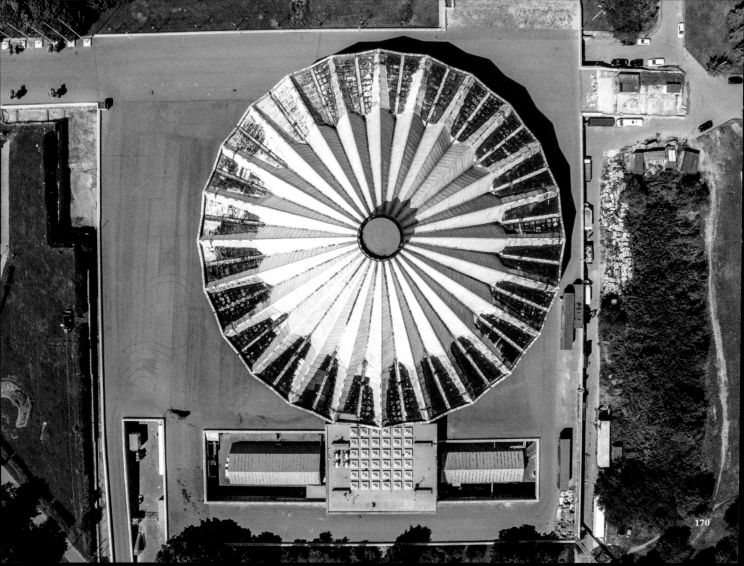

Большой Московский Государственный цирк

Great Moscow State Circus

Großer Moskauer Staatszirkus

1971
Белопольский Яков Борисович,
Вулых Ефим Петрович,
Хавин Владимир Иосифович,
Сатунц Степан Христофорович,
Судаков Алексей Фёдорович и др.
Проспект Вернадского, дом 7
Ⓜ Университет

1971
Jakov Borisovich Belopolsky,
Efim Petrovich Vulyh,
Vladimir Iosifovich Khavin,
Stepan Khristoforovich Satunts,
Aleksey Fedorovich Sudakov et al.
7 Vernadsky Avenue
Ⓜ Universitet

1971
Jakow Borissowitsch Belopolski,
Jefim Petrowitsch Wulych,
Wladimir Iosifowitsch Chawin,
Stepan Christoforowitsch Satunz,
Alexei Fjodorowitsch Sudakow u. a.
Wernadski-Prospekt 7
Ⓜ Uniwersitet

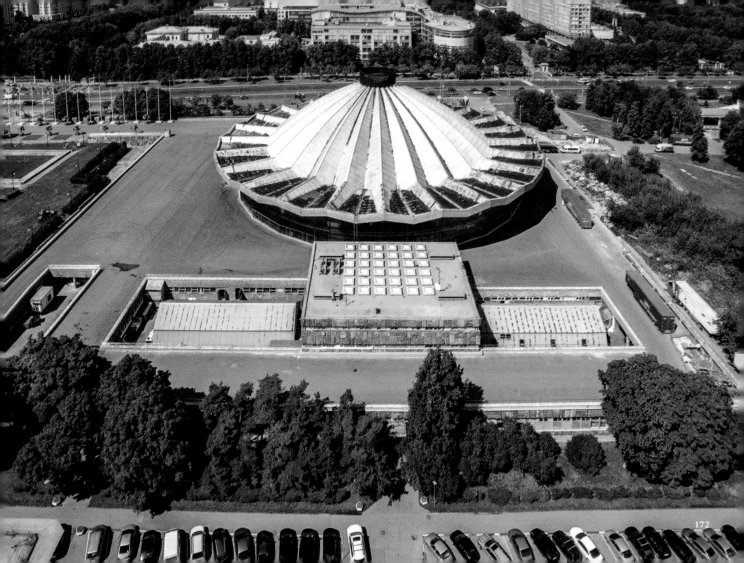

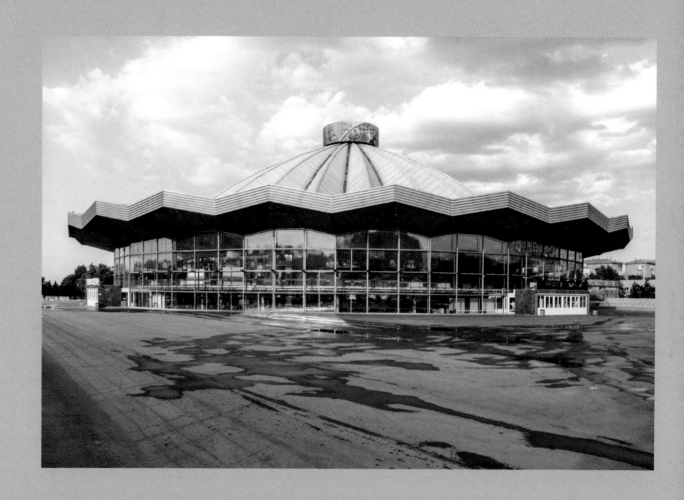

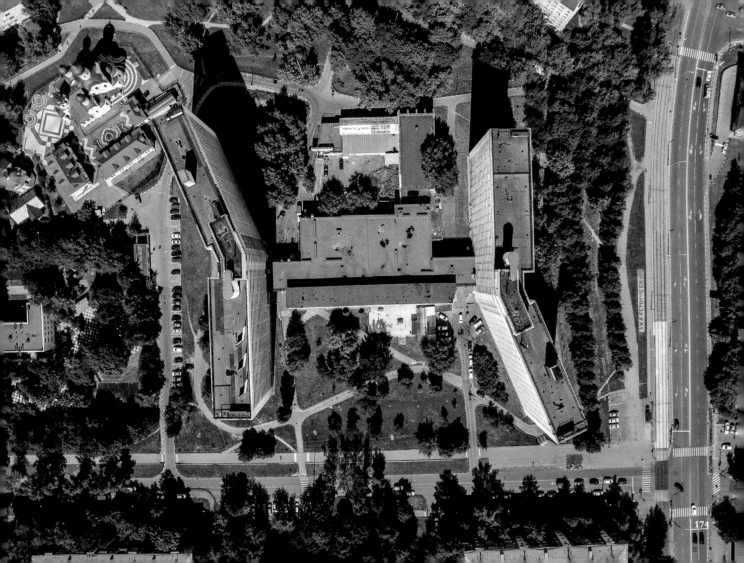

Дом нового быта

House of the New Way of Life

Wohnanlage Neuer Lebensstil

1971

1965–1971
Остерман Натан Абрамович,
Карлсен Генрих Георгиевич и др.
Улица Шверника, дом 19
Ⓜ Крымская

1965–1971
Natan Abramovich Osterman,
Genrikh Georgievich Karlsen et al.
19 Shvernik Street
Ⓜ Krymskaya

1965–1971
Natan Ambramowitsch Osterman,
Genrich Georgijewitsch Karlsen u. a.
Schwernik-Straße 19
Ⓜ Krymskaja

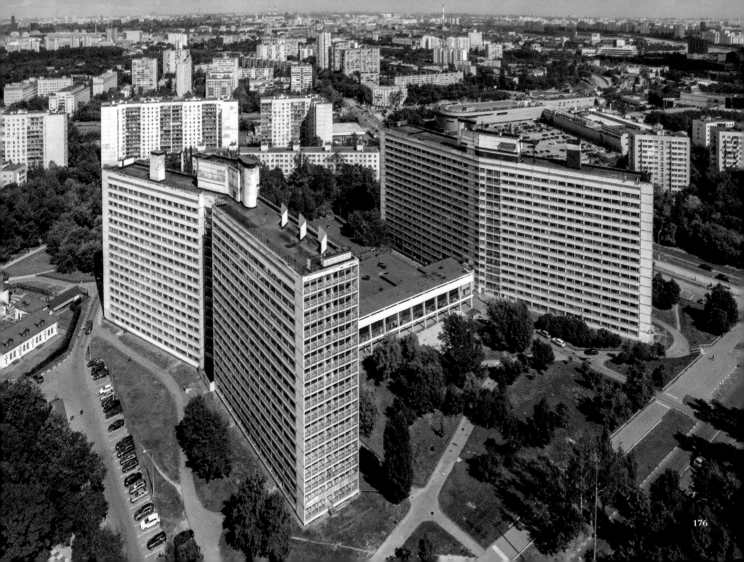

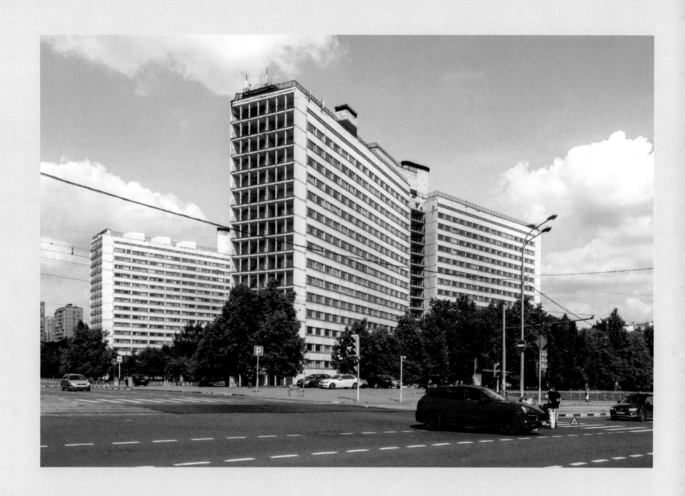

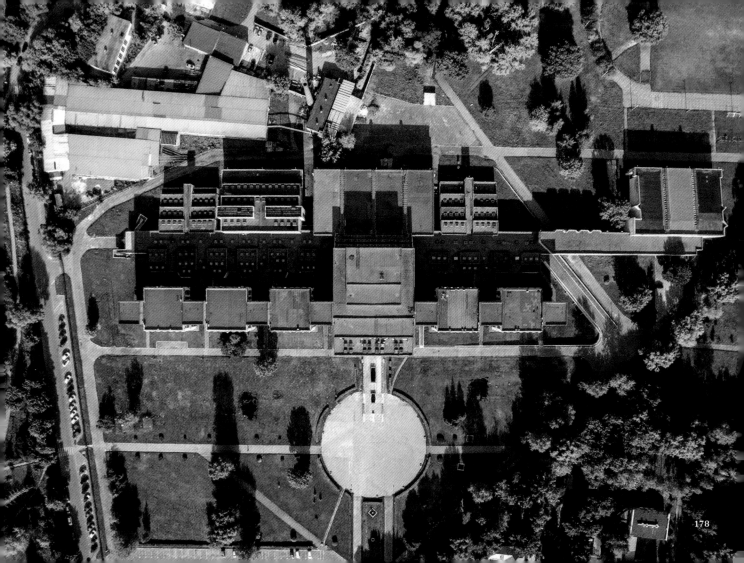

Московский институт инженеров гражданской авиации

Moscow Institute of Civil Aviation Engineers

Moskauer Institut für Ingenieure der Zivilluftfahrt

1976
Путинцев Эдуард Петрович
Кронштадтский бульвар, дом 20
Ⓜ Водный стадион

1976
Eduard Petrovich Putintsev
20 Kronshtadtsky Boulevard
Ⓜ Vodny Stadion

1976
Eduard Petrowitsch Putinzew
Kronschtadtski-Boulevard 20
Ⓜ Wodny Stadion

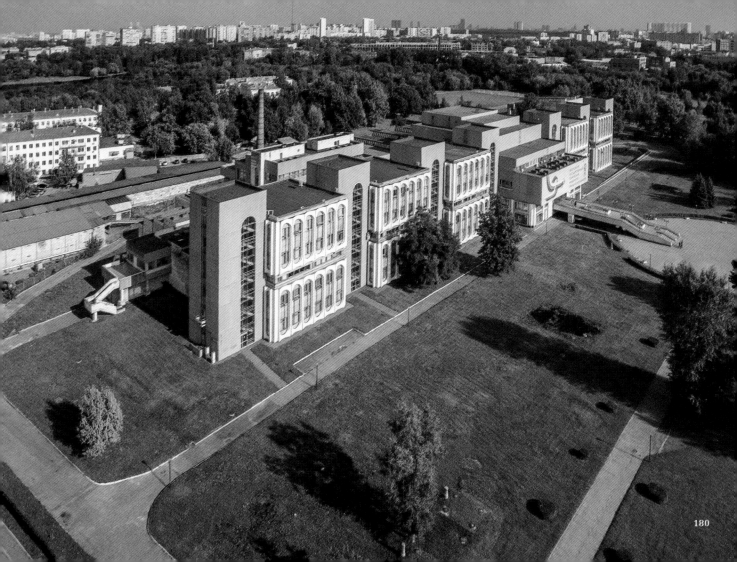

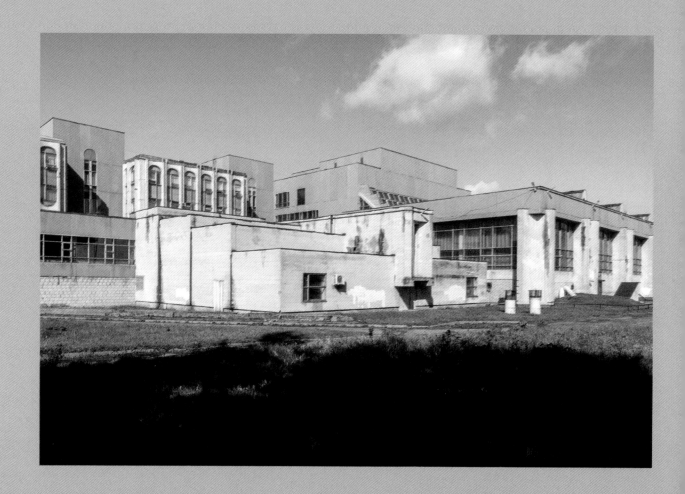

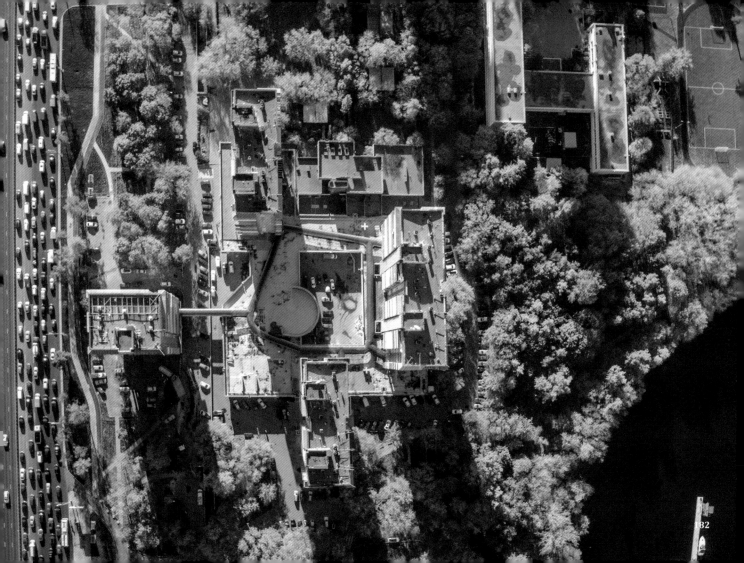

Экспериментальный жилой комплекс Лебедь
Lebed Experimental Residential Complex
Versuchswohnanlage Lebed

1973

1967–1973
Меерсон Андрей Дмитриевич,
Подольская Елена Вениаминовна и др.
Ленинградское шоссе, дом 29–35
Ⓜ Балтийская

1967–1973
Andrey Dmitrievich Meerson,
Elena Veniaminovna Podolskaya et al.
29–35 Leningradskoe Highway
Ⓜ Baltiyskaya

1967–1973
Andrei Dmitrijewitsch Mejerson,
Jelena Weniaminowna Podolskaja u. a.
Leningradskoje-Chaussee 29–35
Ⓜ Baltijskaja

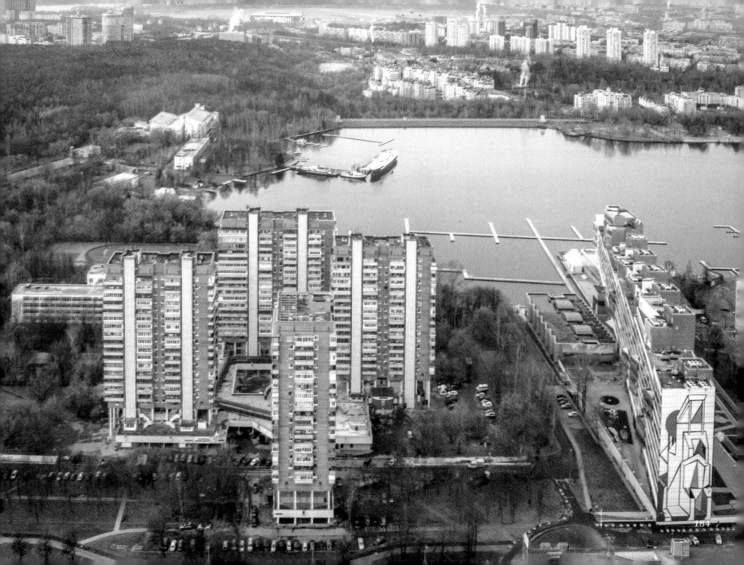

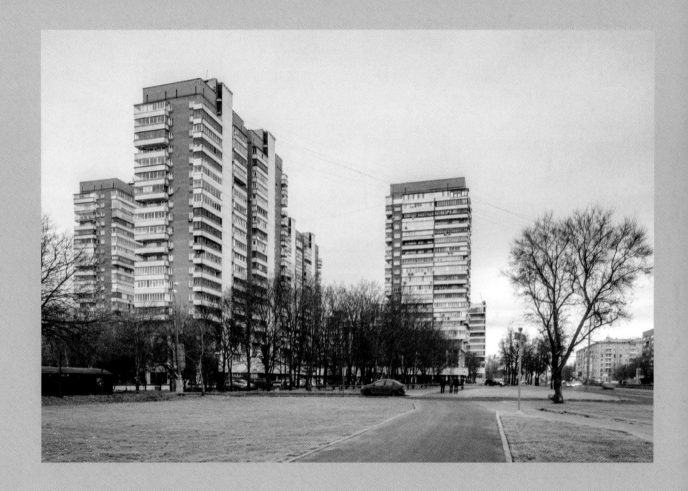

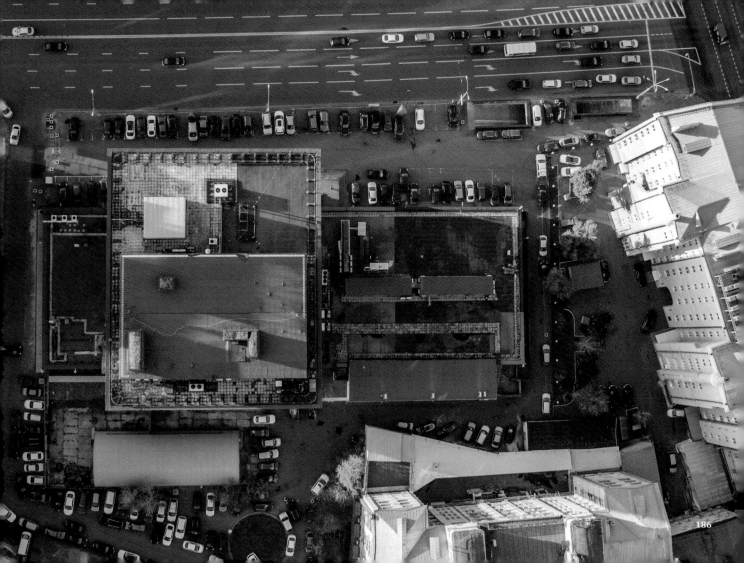

1974

Главный вычислительный центр Госплана СССР
Main Computer Centre of the State Planning Committee
Hauptrechenzentrum des Staatlichen Plankomitees

1966–1974
Павлов Леонид Николаевич,
Гончар Лидия Юрьевна и др.
Проспект Академика Сахарова, дом 12
Ⓜ Красные Ворота

1966–1974
Leonid Nikolaevich Pavlov,
Lidiya Yuryevna Gonchar et al.
12 Akademik Sakharov Avenue
Ⓜ Krasnye Vorota

1966–1974
Leonid Nikolajewitsch Pawlow,
Lidija Jurjewna Gontschar u. a.
Akademik-Sacharow-Prospekt 12
Ⓜ Krasnyje Worota

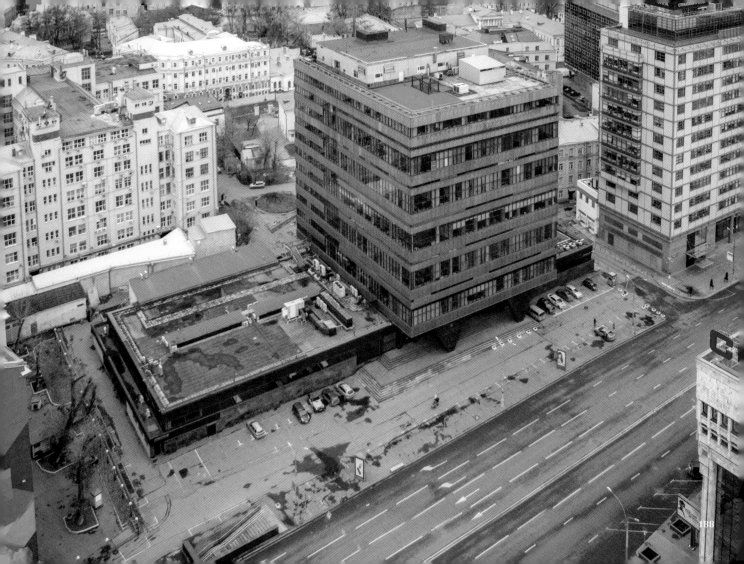

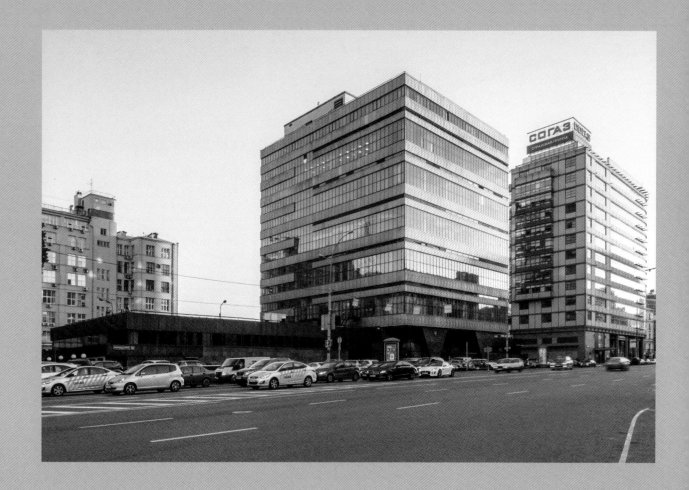

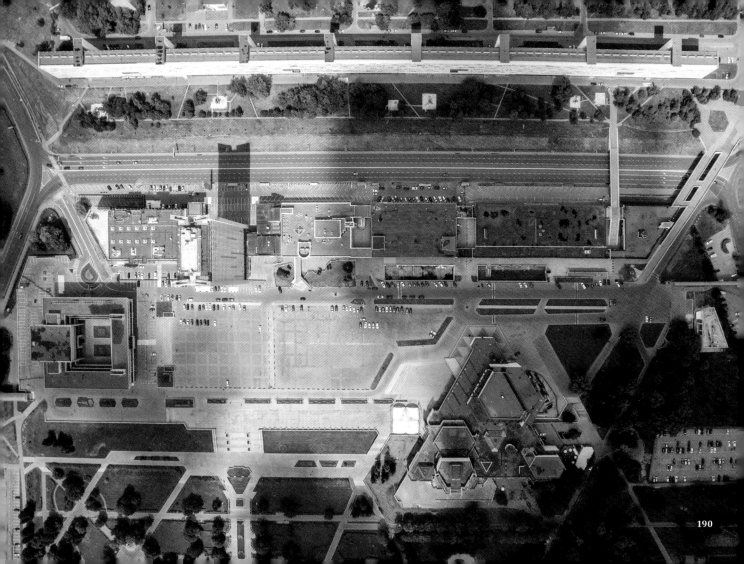

Центральная площадь г. Зеленограда
Zelenograd Central Square
Zentraler Platz in Selenograd

1975

1975
Покровский Игорь Александрович
Центральная площадь, дом 1

1975
Igor Aleksandrovich Pokrovsky
1 Tsentralnaya Square

1975
Igor Alexandrowitsch Pokrowski
Zentralnaja-Platz 1

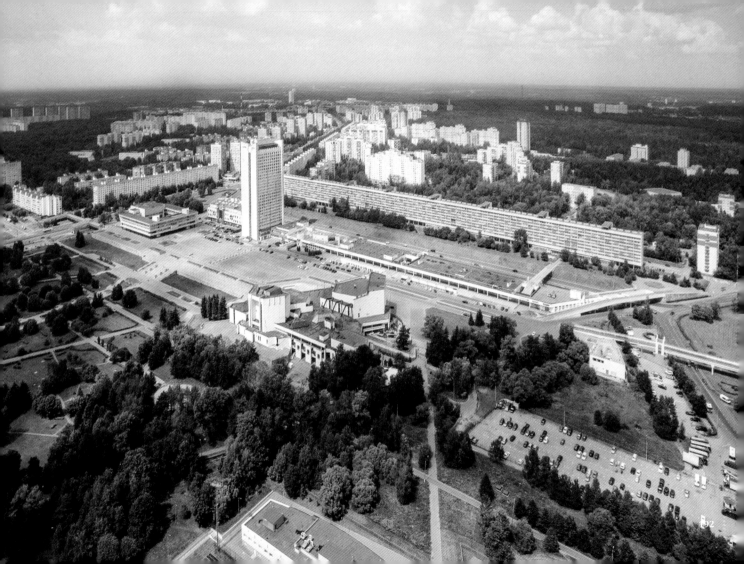

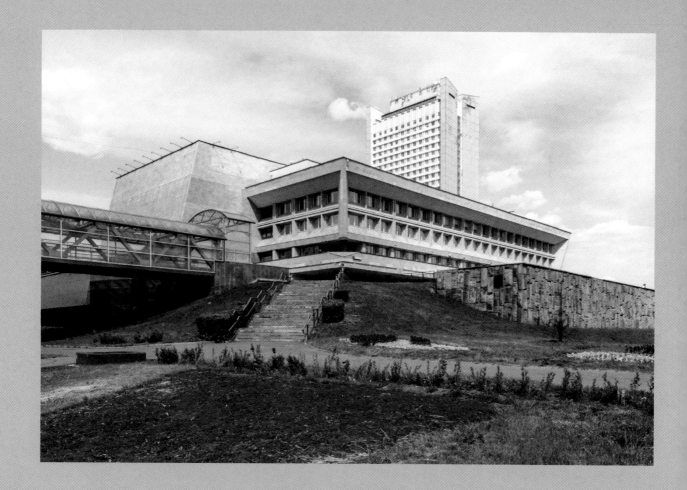

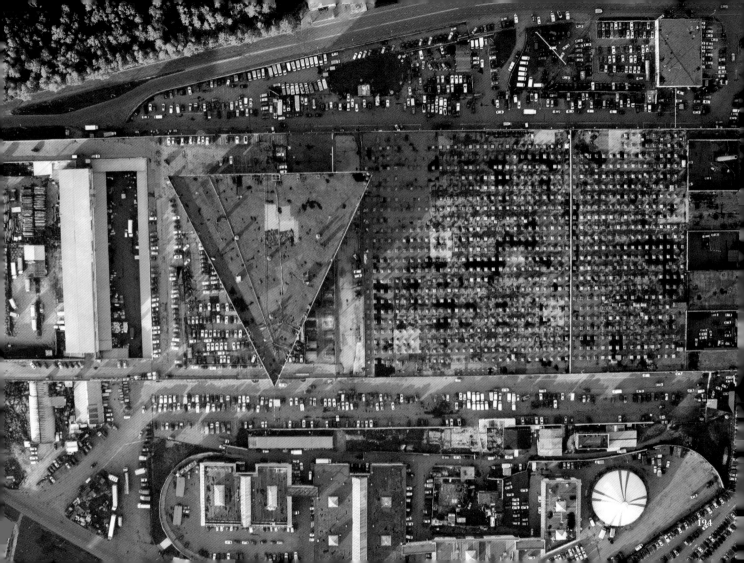

Станция технического обслуживания автомобилей Жигули
Zhiguli Car Service Station
Auto-Servicestation Schiguli

1967–1977
Павлов Леонид Николаевич,
Гончар Лидия Юрьевна,
Копелиович Елена Семёновна и др.
Варшавское шоссе, дом 170г
Ⓜ Аннино

1967–1977
Leonid Nikolaevich Pavlov,
Lidiya Yuryevna Gonchar,
Elena Semenovna Kopeliovich et al.
170g Varshavskoe Highway
Ⓜ Annino

1967–1977
Leonid Nikolajewitsch Pawlow,
Lidija Jurjewna Gontschar,
Jelena Semjonowna Kopeliowitsch u. a.
Warschawskoje-Chaussee 170g
Ⓜ Annino

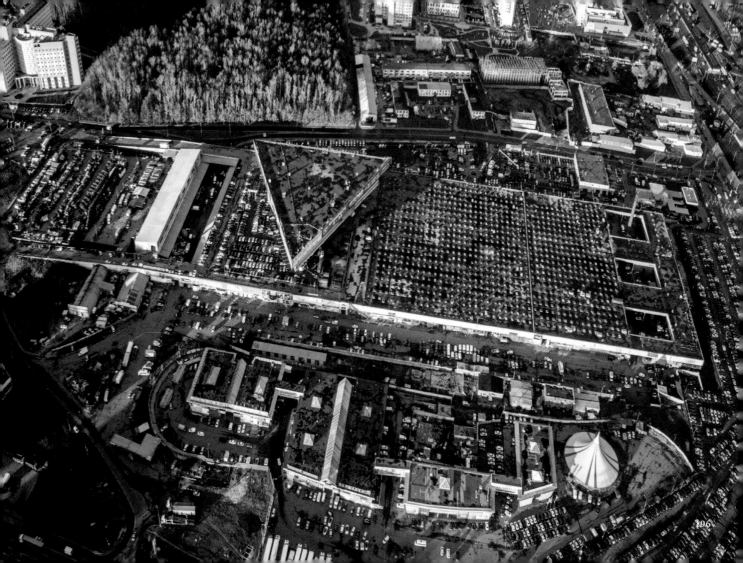

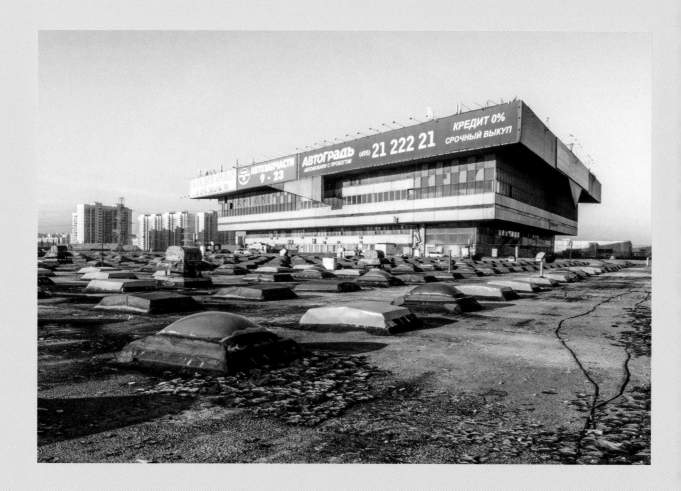

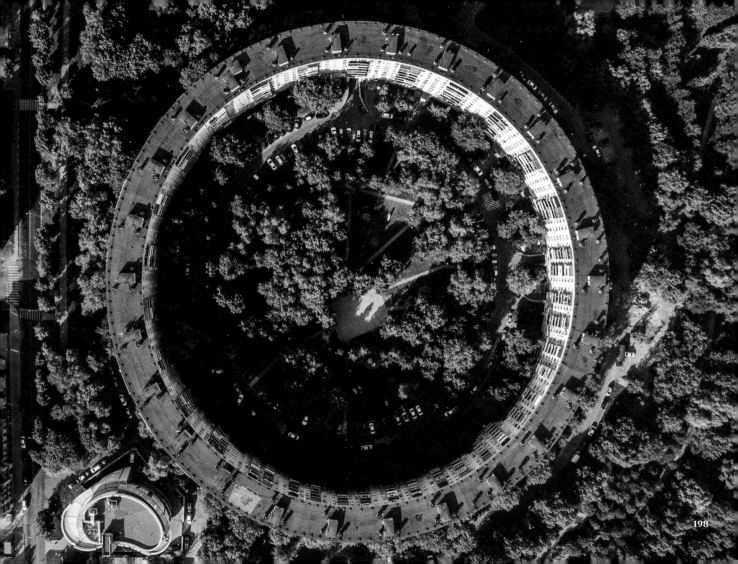

Круглый дом
на улице Довженко
Round House
on Dovzhenko Street
Rundes Haus in der
Dowschenko-Straße

1979
Стамо Евгений Николаевич
Улица Довженко, дом 6
Ⓜ Парк Победы

1979
Evgeny Nikolaevich Stamo
6 Dovzhenko Street
Ⓜ Park Pobedy

1979
Jewgeni Nikolajewitsch Stamo
Dowschenko-Straße 6
Ⓜ Park Pobedy

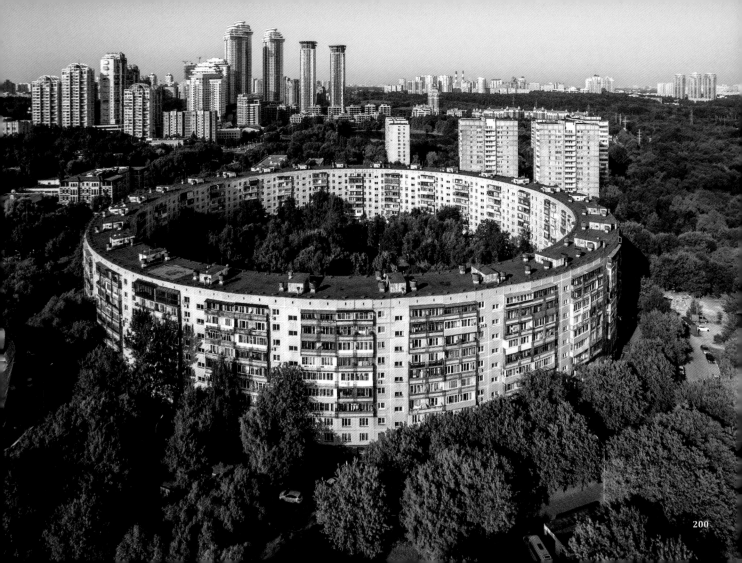

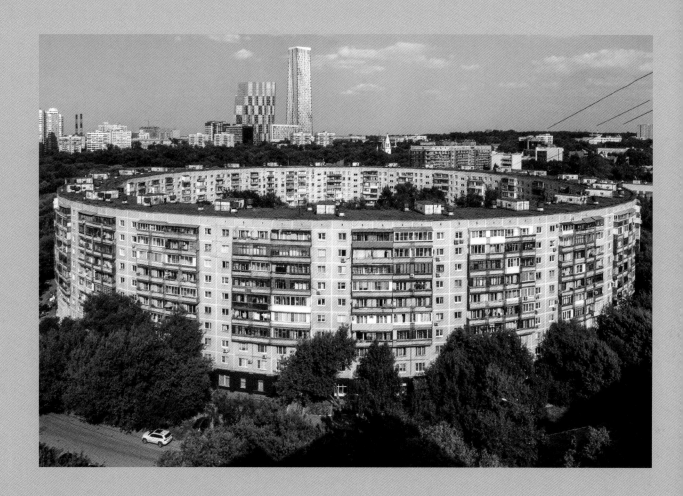

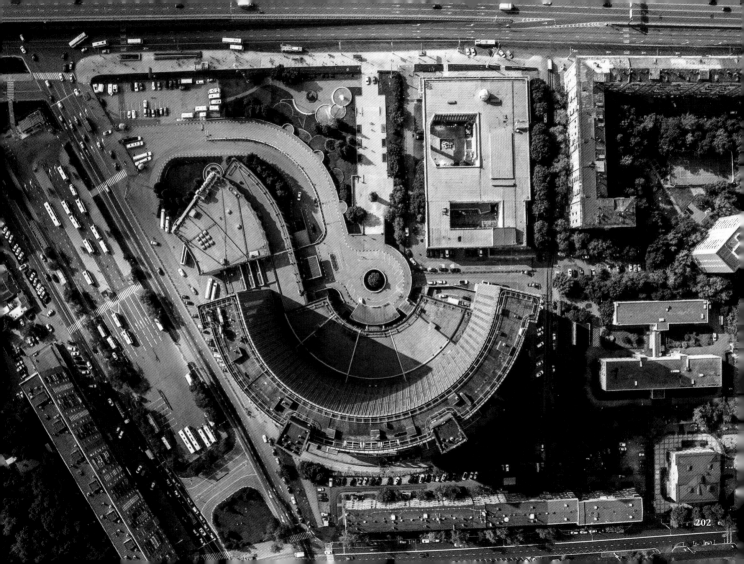

Гостиница Космос
Cosmos Hotel
Hotel Kosmos

1976–1979
Андреев Виктор Семёнович,
Стейскал Владимир Вячеславович и др.
Проспект Мира, дом 150
Ⓜ ВДНХ

1976–1979
Viktor Semyonovich Andreev,
Vladimir Vyacheslavovich Steyskal et al.
150 Mir Avenue (Prospekt Mira)
Ⓜ VDNKh

1976–1979
Wiktor Semjonowitsch Andrejew,
Wladimir Wjatscheslawowitsch Steiskal u. a.
Mir-Prospekt 150
Ⓜ WDNCh

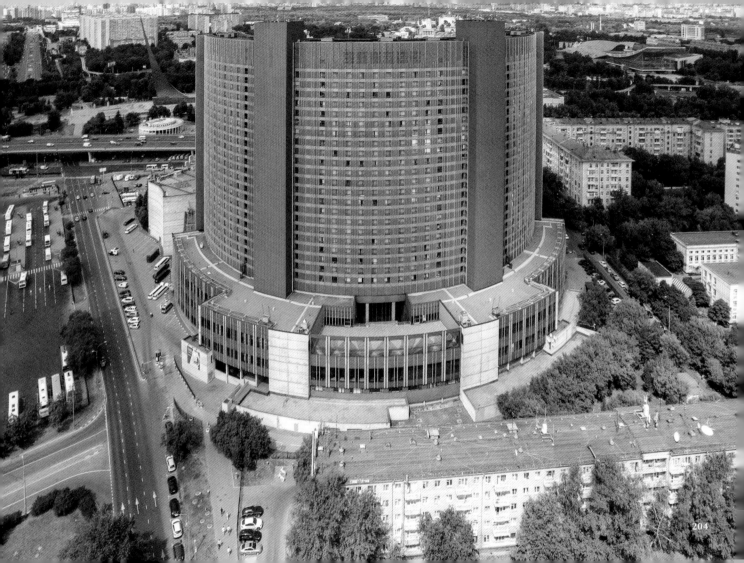

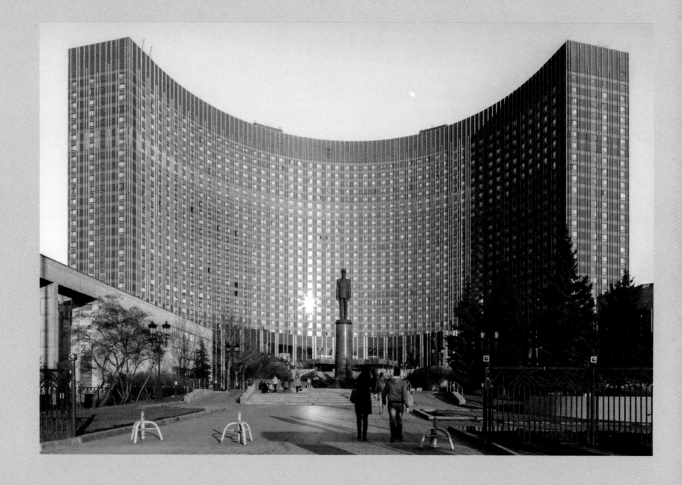

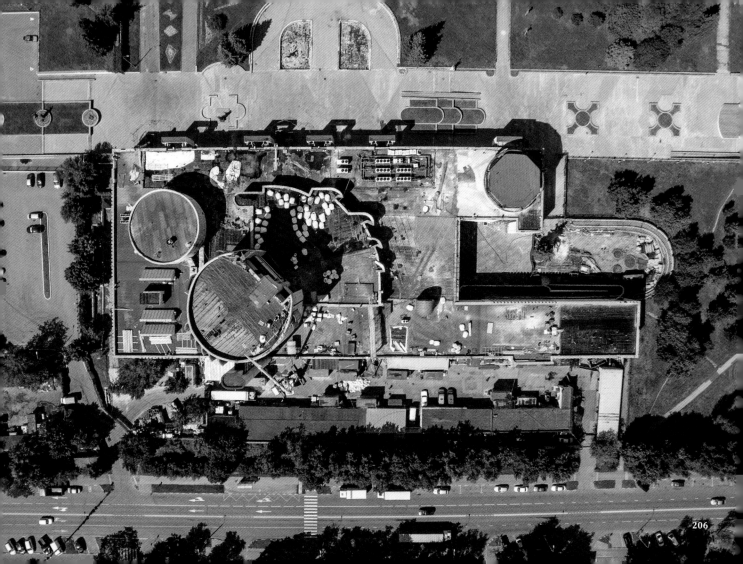

Детский музыкальный театр имени Н. И. Сац

Natalya Sats Musical Theatre

Natalija-Saz-Kindermusiktheater

1979

1975–1979
Великанов Александр Александрович,
Красильников Владилен Дмитриевич
Проспект Вернадского, дом 5
Ⓜ Университет

1975–1979
Aleksandr Aleksandrovich Velikanov,
Vladilen Dmitrievich Krasilnikov
5 Vernadsky Avenue
Ⓜ Universitet

1975–1979
Alexander Alexandrowitsch Welikanow,
Wladilen Dmitrijewitsch Krassilnikow
Wernadski-Prospekt 5
Ⓜ Uniwersitet

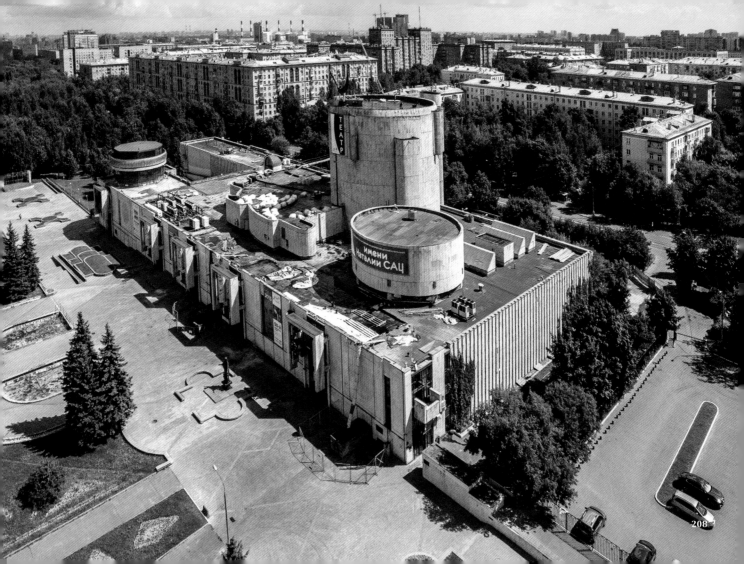

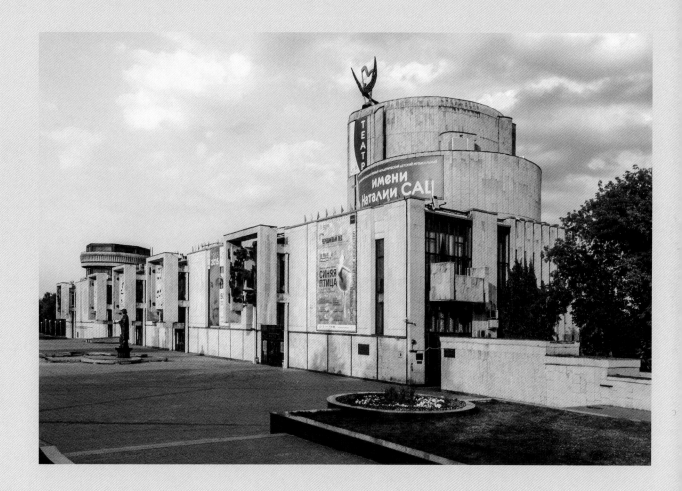

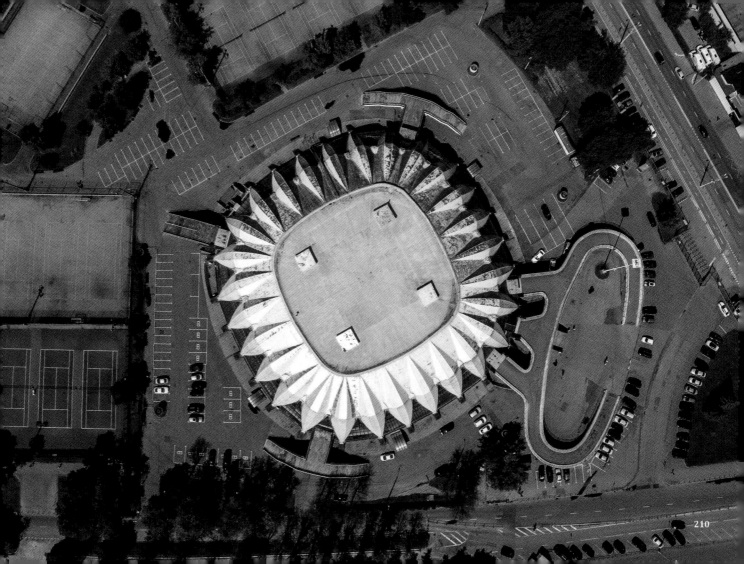

Универсальный спортивный зал Дружба в Лужниках

Universal Sports Hall Friendship

Mehrzwecksporthalle Freundschaft

1979
Рожин Игорь Евгеньевич и др.
Лужнецкая набережная, дом 24/5
Ⓜ Воробьёвы Горы

1979
Igor Evgenyevich Rozhin et al.
24/5 Luzhnetskaya Embankment
Ⓜ Vorobyovy Gory

1979
Igor Jewgenjewitsch Roschin u. a.
Luschnezkaja-Ufer 24/5
Ⓜ Worobjowy Gory

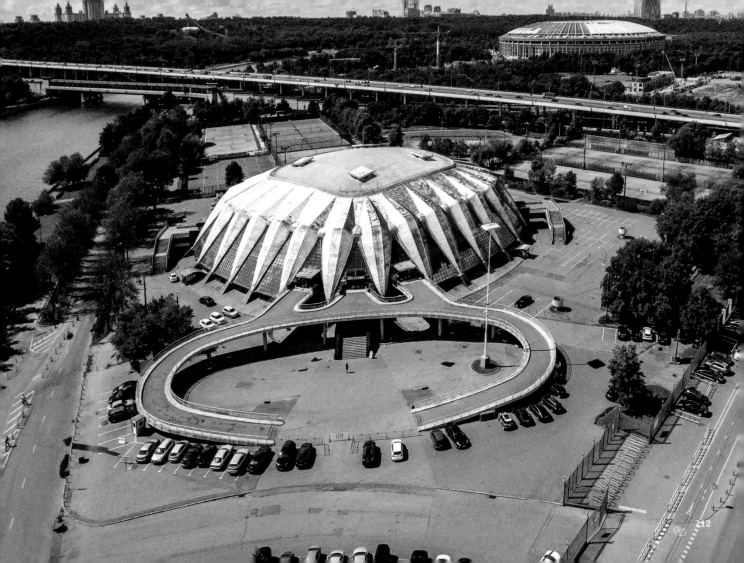

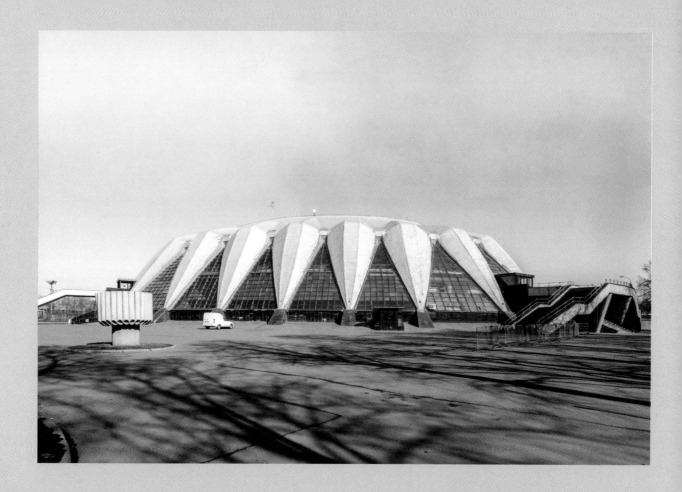

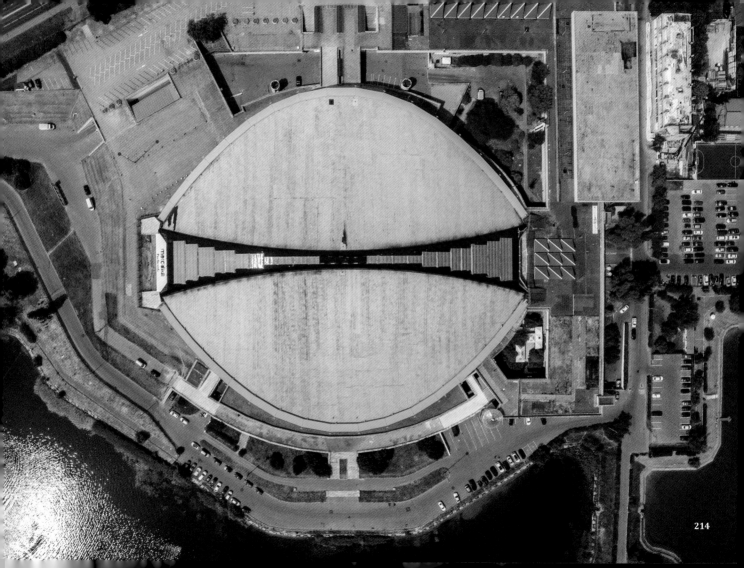

Велотрек Крылатское

Krylatskoe Velodrome

Radrennstadion Krylatskoje

1979

1976–1979
Воронина Нина И.,
Оспенников Александр Г.
Улица Крылатская, дом 10
Ⓜ Молодёжная

1976–1979
Nina I. Voronina,
Aleksandr G. Ospennikov
10 Krylatskaya Street
Ⓜ Molodezhnaya

1976–1979
Nina I. Woronina,
Alexander G. Ospennikow
Krylatskaja-Straße 10
Ⓜ Molodjoschnaja

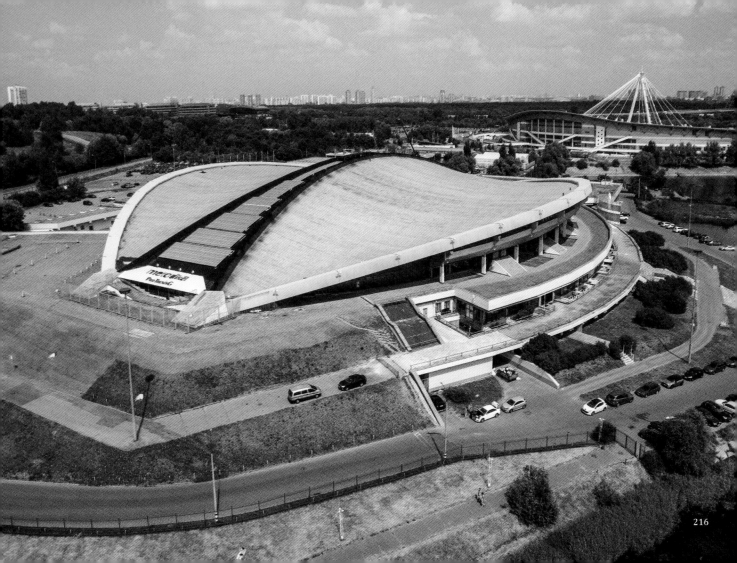

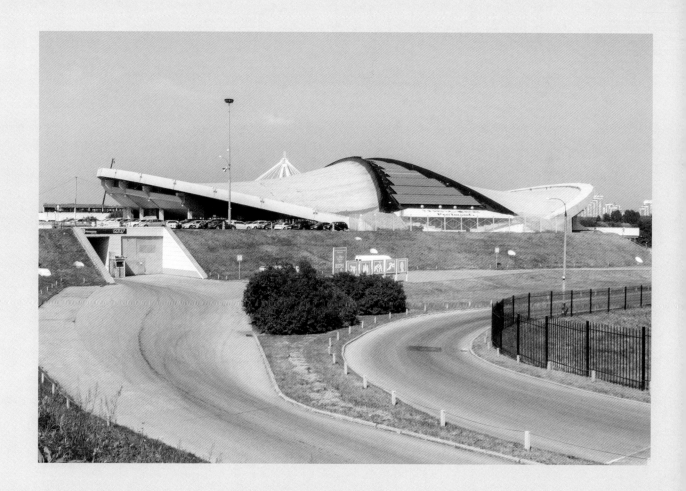

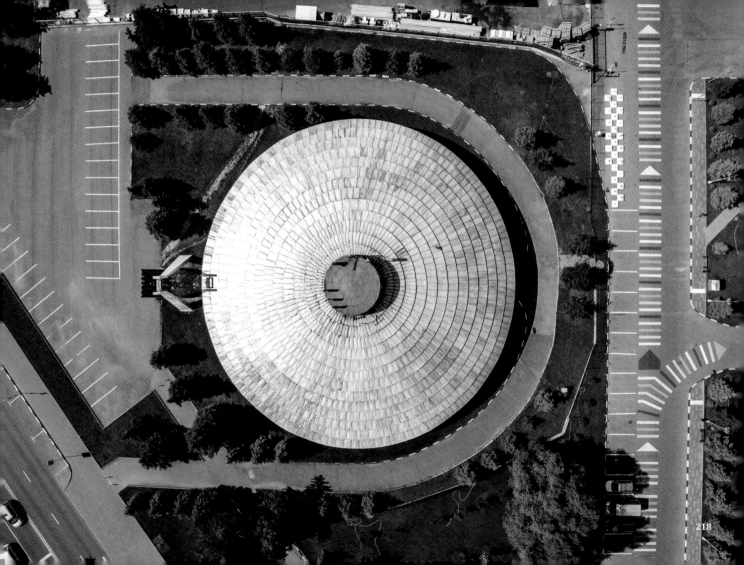

Музей Автомобильного завода имени Ленинского Комсомола
Museum of the Moskvitch Automotive Plant
Museum der Moskwitsch-Autofabrik

1980

1975–1980
Регентов Юрий Андреевич
Волгоградский проспект, дом 42
Ⓜ Текстильщики

1975–1980
Yuri Andreevich Regentov
42 Volgogradsky Avenue
Ⓜ Tekstilshchiki

1975–1980
Juri Andrejewitsch Regentow
Wolgogradski-Prospekt 42
Ⓜ Tekstilschtschiki

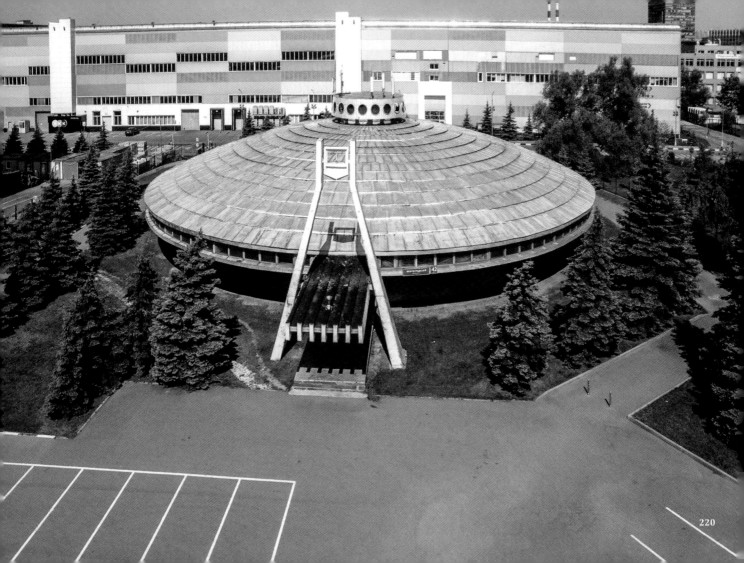

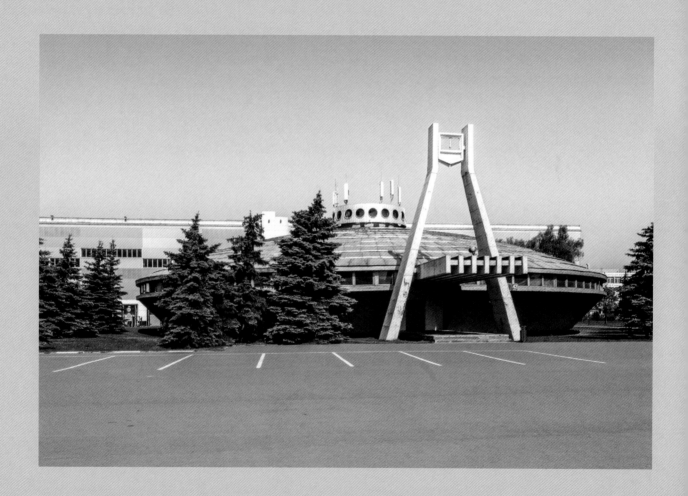

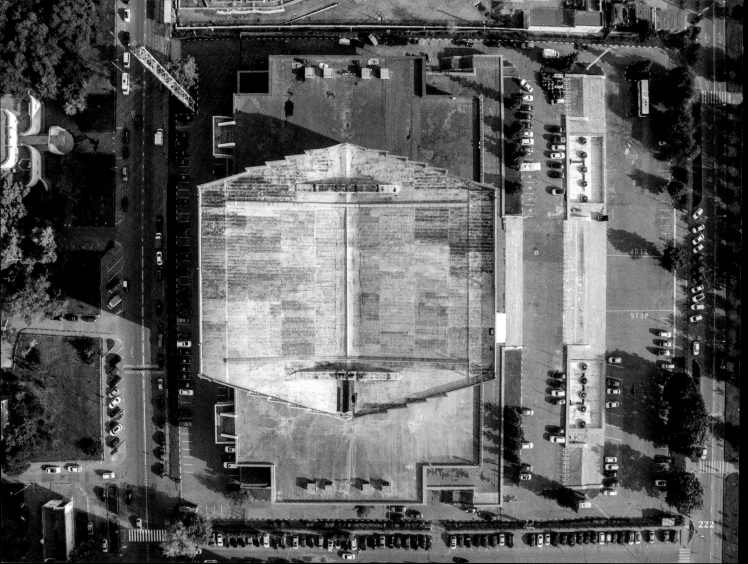

Дворец спорта Динамо
Dinamo Sports Palace
Sportpalast Dinamo

1980

1977–1980
Розанов Евгений Григорьевич,
Милашевский Владимир Вениаминович,
Чивиков Евгений Константинович и др.
Улица Лавочкина, дом 32
Ⓜ Речной вокзал

1977–1980
Evgeny Grigoryevich Rozanov,
Vladimir Veniaminovich Milashevsky,
Evgeny Konstantinovich Chivikov et al.
32 Lavochkin Street
Ⓜ Rechnoy Vokzal

1977–1980
Jewgeni Grigorjewitsch Rosanow,
Wladimir Weniaminowitsch Milaschewski,
Jewgeni Konstantinowitsch Tschiwikow u.a.
Lawotschkin-Straße 32
Ⓜ Retschnoi Woksal

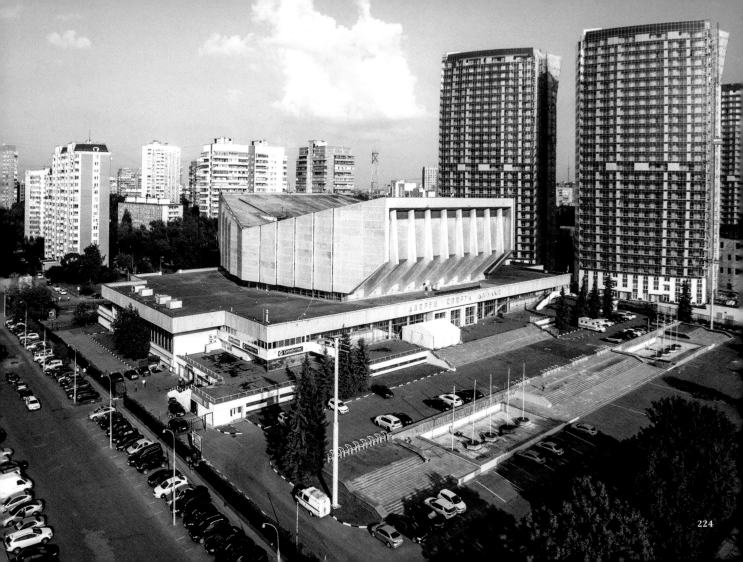

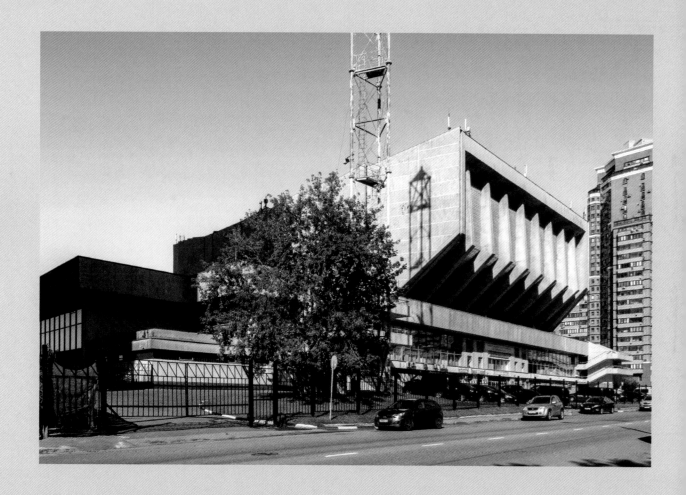

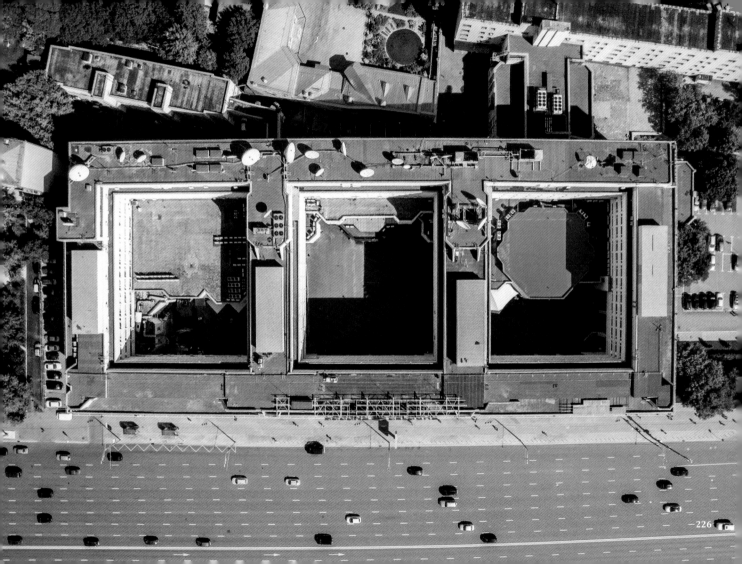

Главный пресс-центр Олимпиады

Olympic Press Centre

Olympia-Pressezentrum

1977–1980
Виноградский Игорь Михайлович и др.
Зубовский бульвар, дом 4
Ⓜ Парк Культуры

1977–1980
Igor Mikhailovich Vinogradsky et al.
4 Zubovsky Boulevard
Ⓜ Park Kultury

1977–1980
Igor Michailowitsch Winogradski u. a.
Subowski-Boulevard 4
Ⓜ Park Kultury

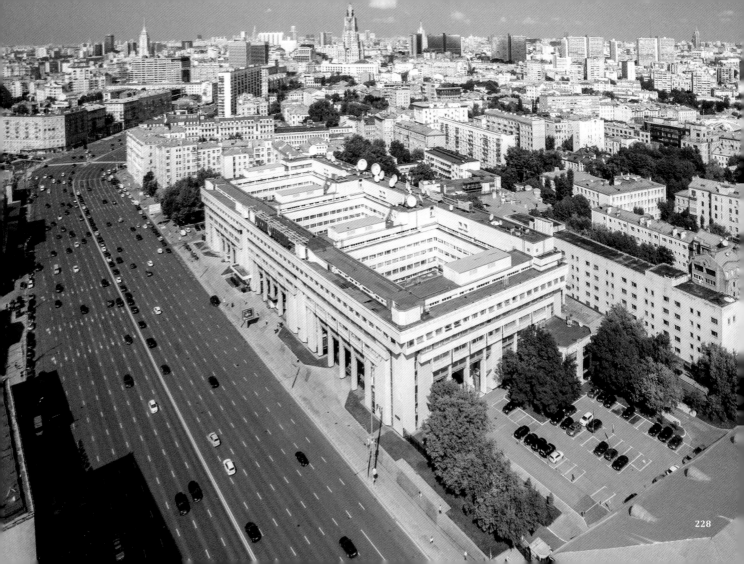

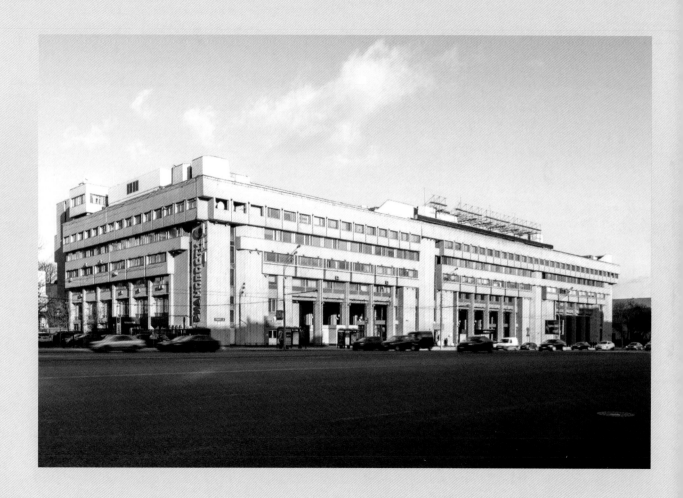

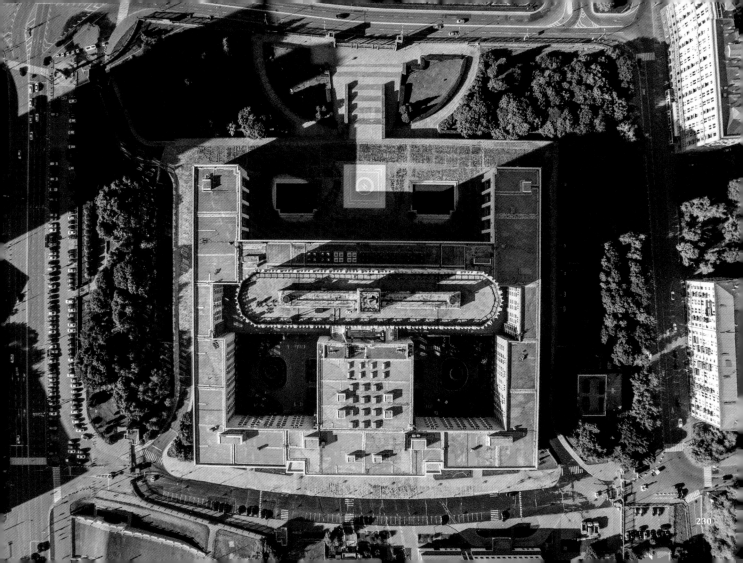

Дом Советов
House of Soviets
Haus der Sowjets

1965–1981
Чечулин Дмитрий Николаевич,
Штеллер Павел Павлович и др.
Краснопресненская набережная, дом 2
Ⓜ Краснопресненская

1965–1981
Dmitry Nikolaevich Chechulin,
Pavel Pavlovich Shteller et al.
2 Krasnopresnenskaya Embankment
Ⓜ Krasnopresnenskaya

1965–1981
Dmitri Nikolajewitsch Tschetschulin,
Pawel Pawlowitsch Schteller u. a.
Krasnopresnenskaja-Ufer 2
Ⓜ Krasnopresnenskaja

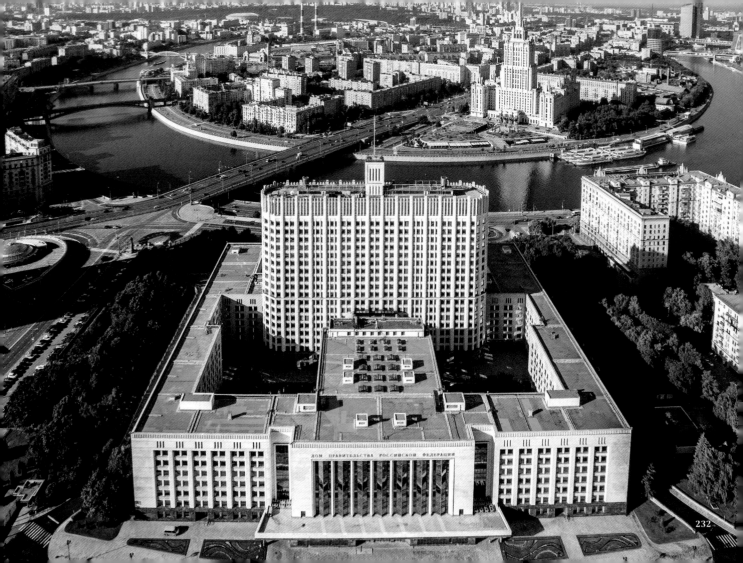

ДОМ ПРАВИТЕЛЬСТВА РОССИЙСКОЙ ФЕДЕРАЦИИ

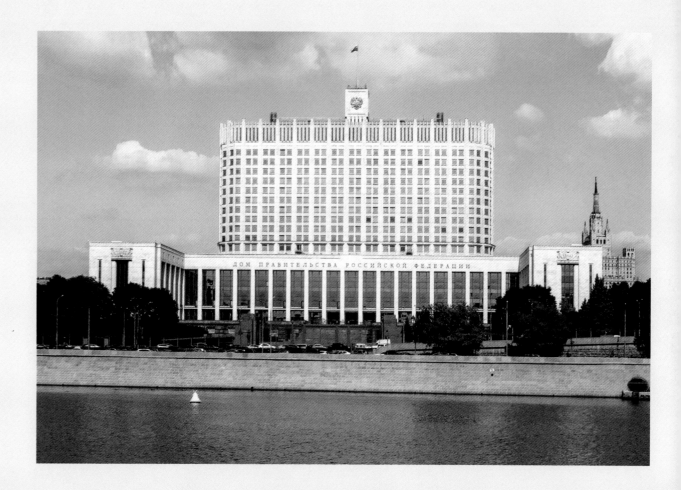

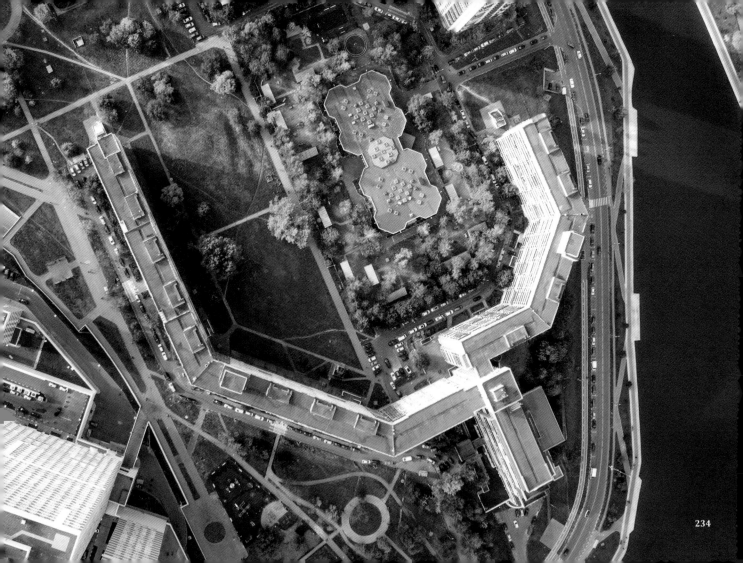

Жилой район Северное Чертаново

North Chertanovo Residential Complex

Wohnkomplex in Tschertanowo-Nord

1975–1982
Посохин Михаил Васильевич,
Дюбек Лев Карлович,
Шапиро Абрам Генрихович,
Мисожников Лев Валентинович,
Кеглер Альфред Рудольфович
Чертаново Северное
Ⓜ Чертановская

1975–1982
Mikhail Vasilyevich Posokhin,
Lev Karlovich Dyubek,
Abram Genrikhovich Shapiro,
Lev Valentinovich Misozhnikov,
Alfred Rudolfovich Kegler
Severnoe Chertanovo
Ⓜ Chertanovskaya

1975–1982
Michail Wassiljewitsch Possochin,
Lew Karlowitsch Djubek,
Abram Genrichowitsch Schapiro,
Lew Walentinowitsch Missoschnikow,
Alfred Rudolfowitsch Kegler
Sewernoje Tschertanowo
Ⓜ Tschertanowskaja

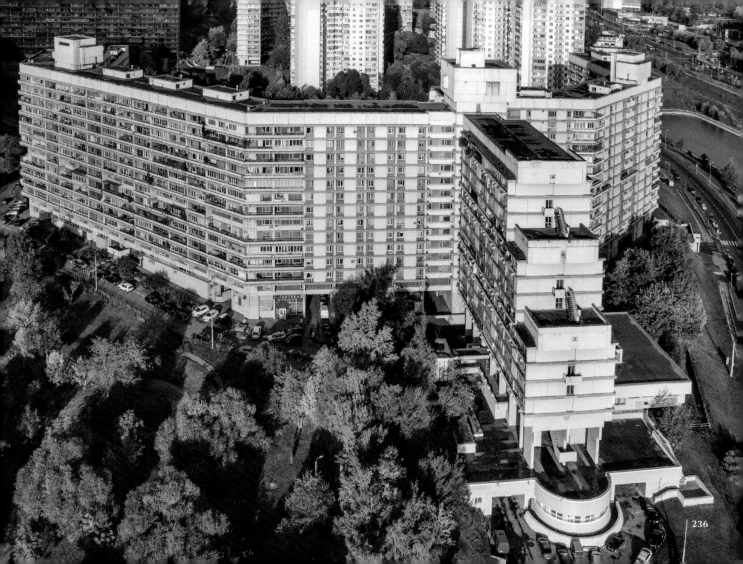

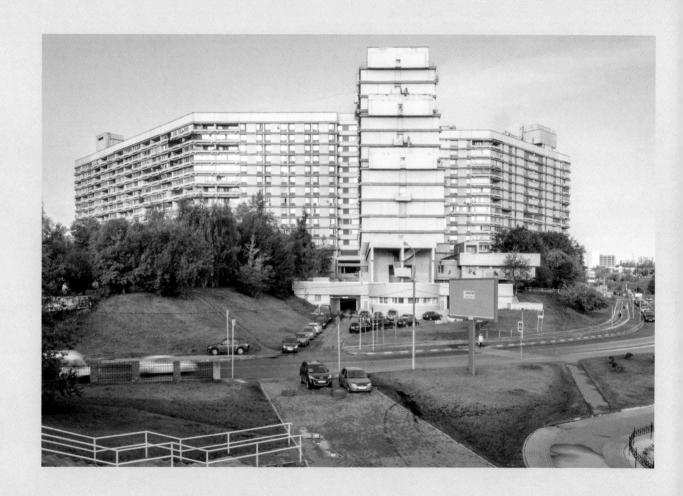

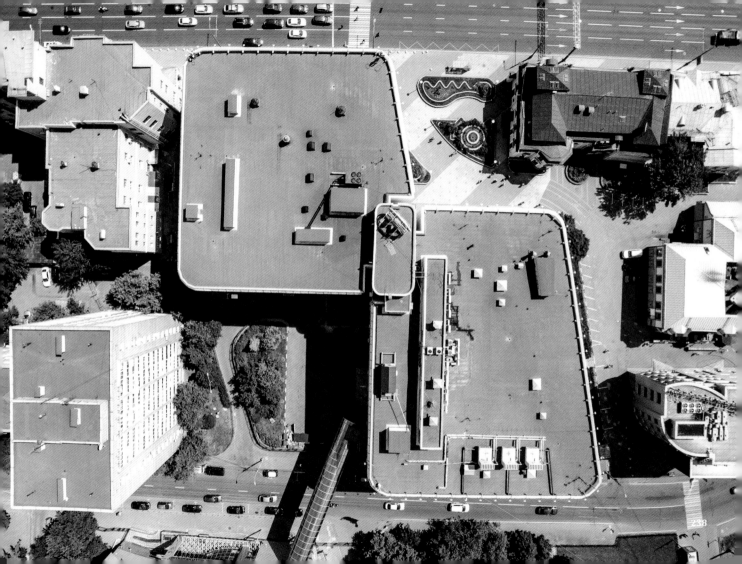

Инженерный корпус Московского метрополитена
Offices of the Moscow Metro
Verwaltungsgebäude der Moskauer Metro

1982

1982
Таранов Андрей Иванович,
Гинзбург Владимир Моисеевич
Проспект Мира, дом 41, строение 2
Ⓜ Проспект Мира

1982
Andrey Ivanovich Taranov,
Vladimir Moiseevich Ginzburg
41/2 Mir Avenue (Prospekt Mira)
Ⓜ Prospekt Mira

1982
Andrei Iwanowitsch Taranow,
Wladimir Moissejewitsch Ginsburg
Mir-Prospekt 41/2
Ⓜ Prospekt Mira

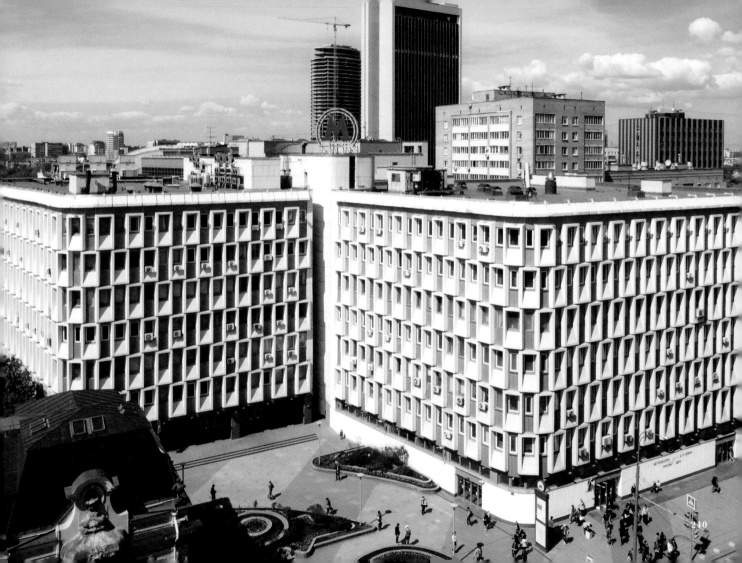

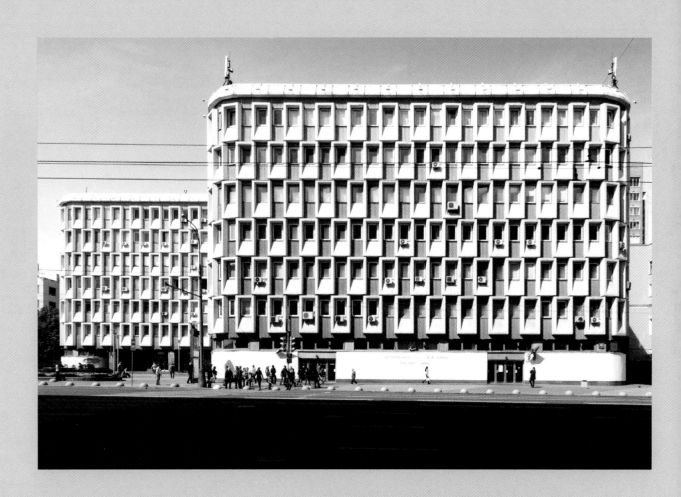

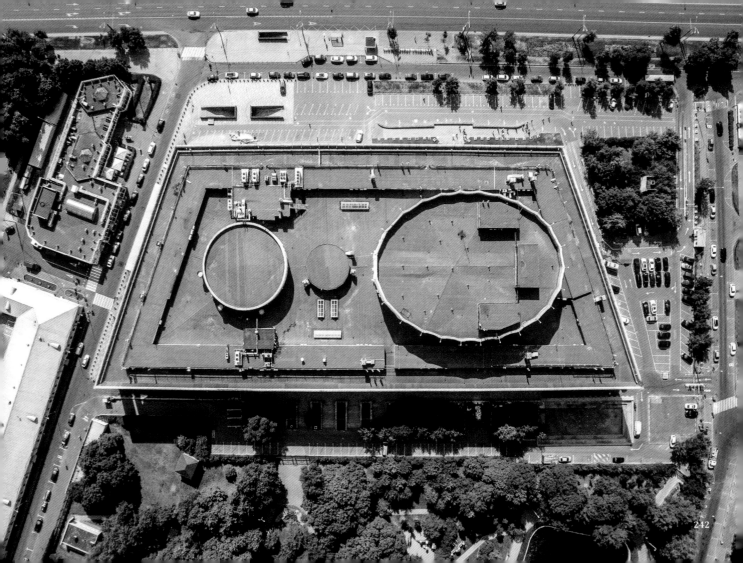

Московский Дворец Молодежи

Moscow Youth Palace

Moskauer Palast der Jugend

1982

1972–1982
Белопольский Яков Борисович,
Беленя Максим Евгеньевич,
Посохин Михаил Михайлович,
Хавин Владимир Иосифович
Комсомольский проспект, дом 28
Ⓜ Фрунзенская

1972–1982
Jakov Borisovich Belopolsky,
Maksim Evgenyevich Belenya,
Mikhail Mikhaylovich Posokhin,
Vladimir Iosifovich Khavin
28 Komsomolsky Avenue
Ⓜ Frunzenskaya

1972–1982
Jakow Borissowitsch Belopolski,
Maxim Jewgenjewitsch Belenja,
Michail Michailowitsch Possochin,
Wladimir Iosifowitsch Chawin
Komsomolski-Prospekt 28
Ⓜ Frunsenskaja

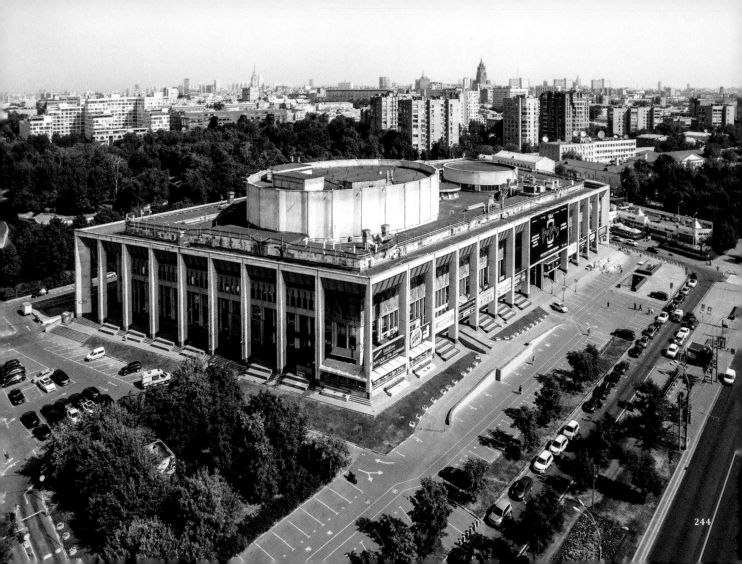

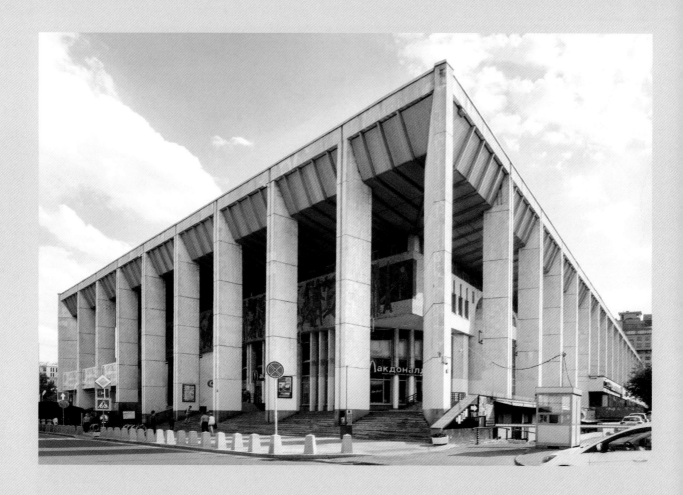

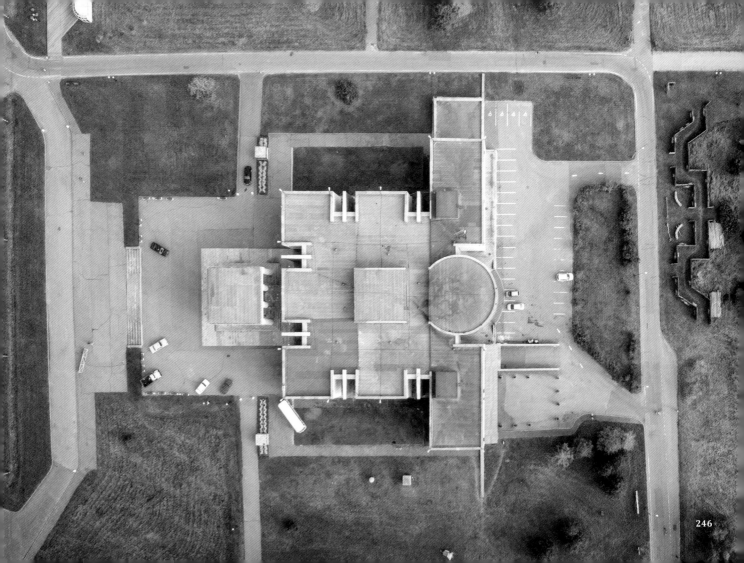

Музей В. И. Ленина в Горках Ленинских

Lenin Museum in Gorki Leninskiye

Lenin-Museum in Gorki Leninskije

1984

1977–1984
Павлов Леонид Николаевич,
Гончар Лидия Юрьевна
Московская область, Ленинский
район, поселок Горки Ленинские

1977–1984
Leonid Nikolaevich Pavlov,
Lidiya Yuryevna Gonchar
Moscow Region, Leninsky District,
village Gorki Leninskiye

1977–1984
Leonid Nikolajewitsch Pawlow,
Lidija Jurjewna Gontschar
Region Moskau, Leninski-Bezirk
Gemeinde Gorki Leninskije

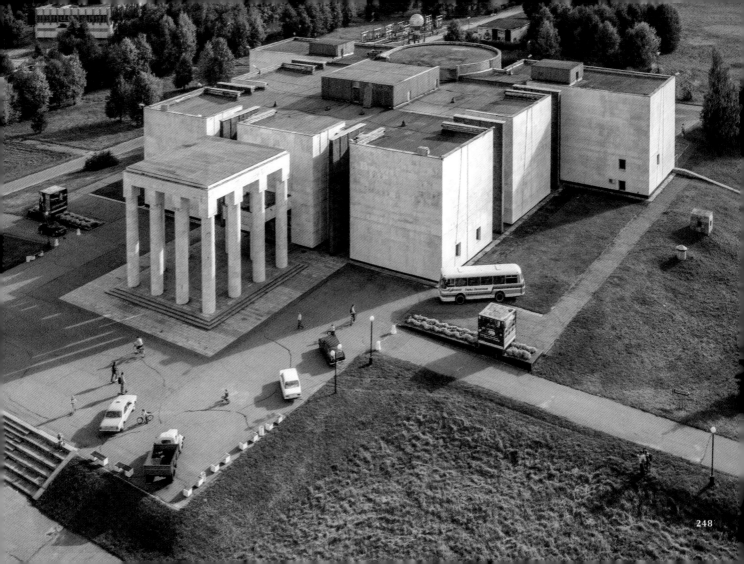

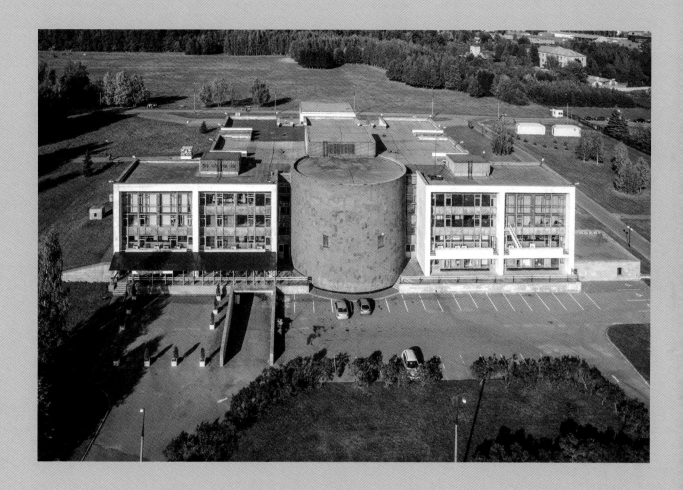

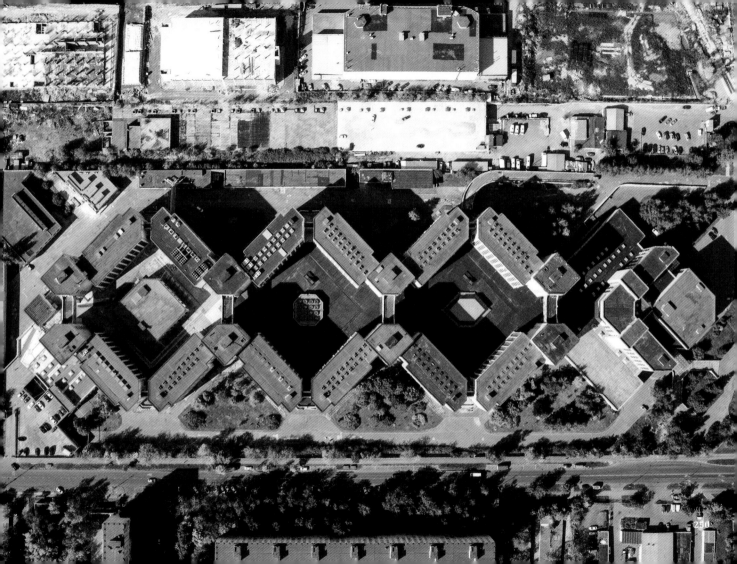

Институт биоорганической химии
Institute of Bioorganic Chemistry
Institut für Bioorganische Chemie

1976–1984
Платонов Юрий Павлович,
Ильчик Леонид Александрович и др.
Улица Миклухо-Маклая, дом 16/10
Ⓜ Беляево

1976–1984
Yuri Pavlovich Platonov,
Leonid Aleksandrovich Ilchik et al.
16/10 Miklukho-Maklay Street
Ⓜ Belyaevo

1976–1984
Juri Pawlowitsch Platonow,
Leonid Alexandrowitsch Iltschik u. a.
Miklucho-Maklai-Straße 16/10
Ⓜ Beljajewo

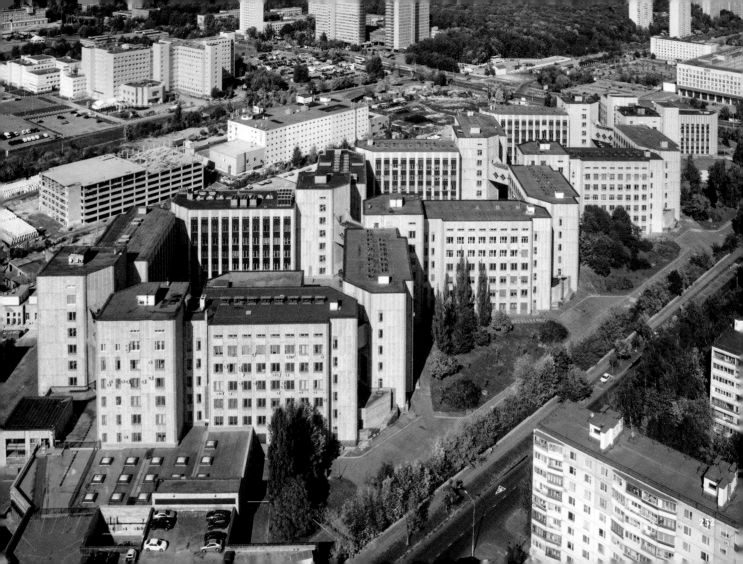

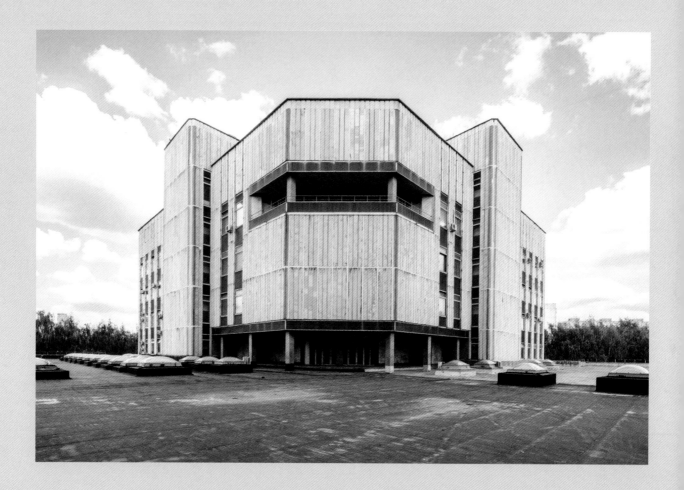

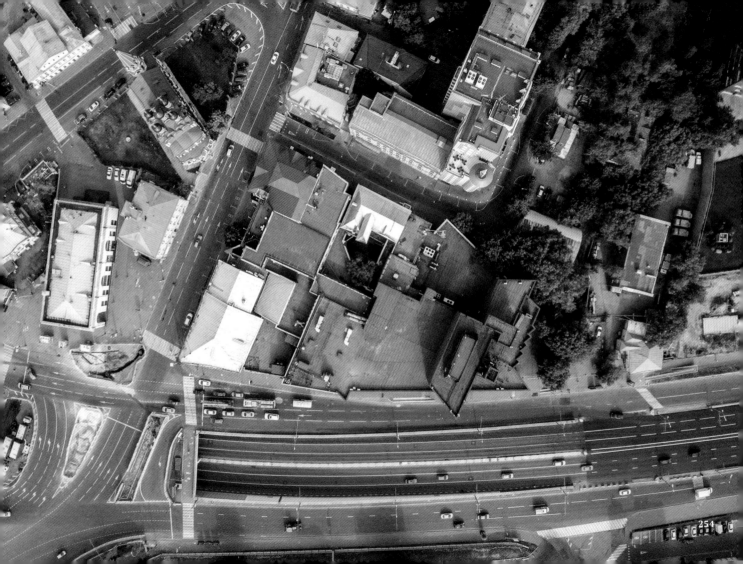

Театр на Таганке
Taganka Theatre
Taganka-Theater

1985

1974–1985
Анисимов Александр Викторович,
Гнедовский Юрий Петрович и др.
Земляной Вал, дом 76/21, строение 1
Ⓜ Таганская

1974–1985
Aleksandr Viktorovich Anisimov,
Yuri Petrovich Gnedovsky et al.
76/21 Zemlyanoy Val, building 1
Ⓜ Taganskaya

1974–1985
Alexander Wiktorowitsch Anissimow,
Juri Petrowitsch Gnedowski u. a.
Semljanoi Wal 76/21, Haus 1
Ⓜ Taganskaja

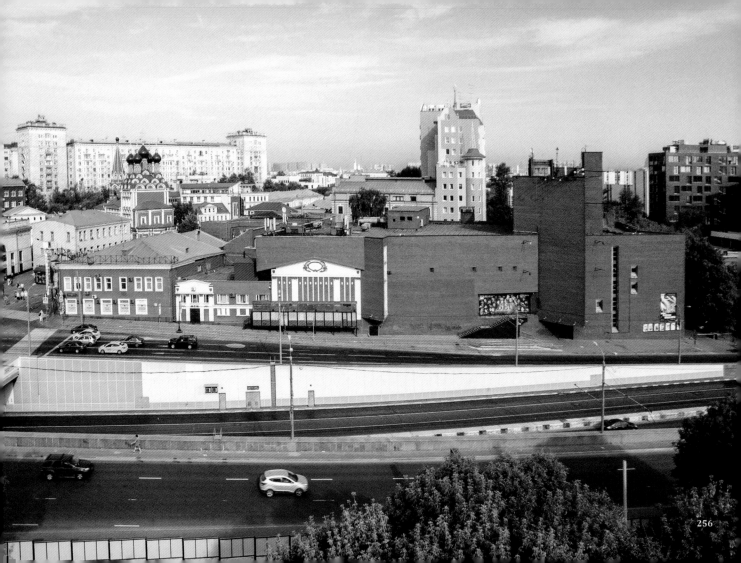

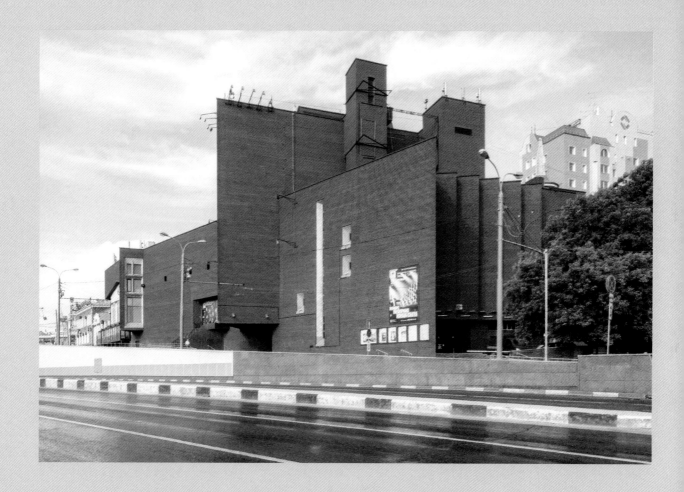

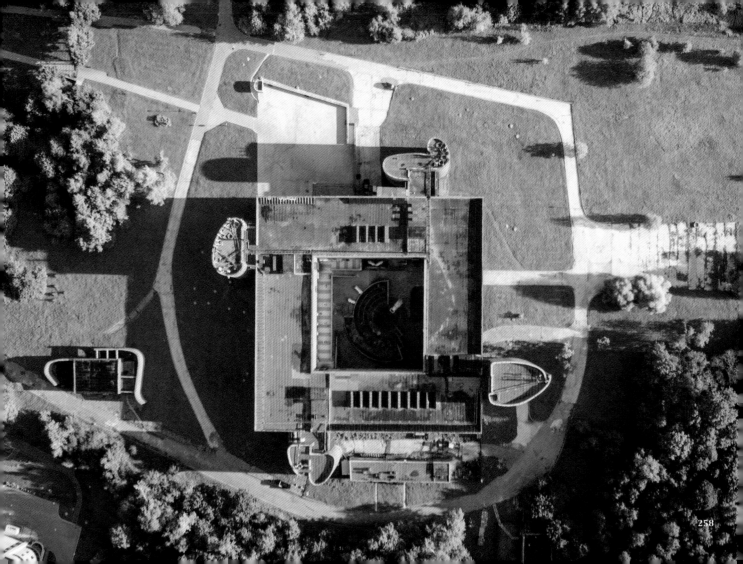

Палеонтологический музей имени Ю. А. Орлова

1987

Orlov Museum of Paleontology

Orlow-Museum für Paläontologie

1972–1987
Платонов Юрий Павлович и др.
Профсоюзная улица, дом 123
Ⓜ Тёплый Стан

1972–1987
Yuri Pavlovich Platonov et al.
123 Profsoyuznaya Street
Ⓜ Teply Stan

1972–1987
Juri Pawlowitsch Platonow u. a.
Profsojusnaja-Straße 123
Ⓜ Tjoply Stan

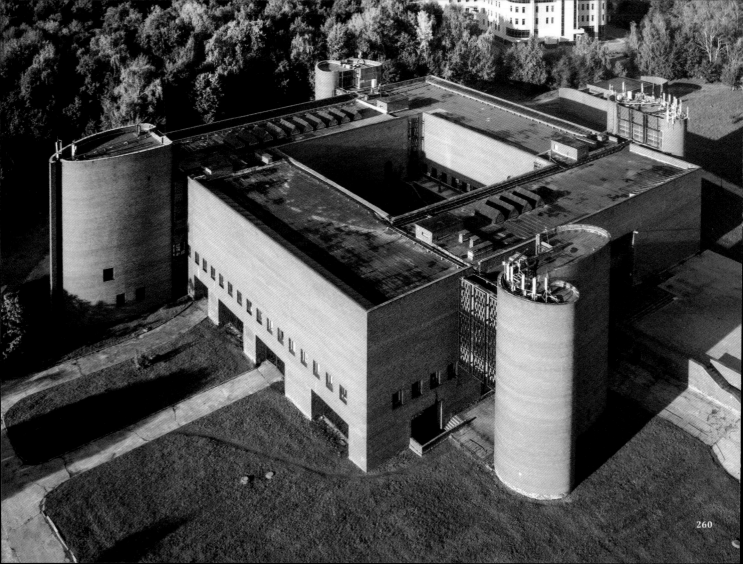

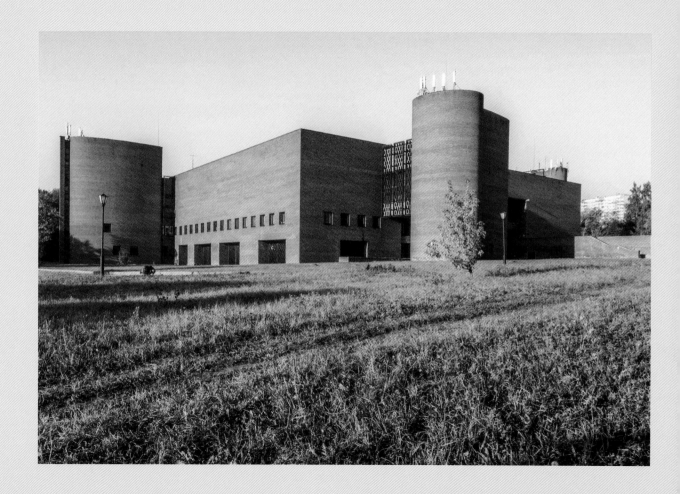

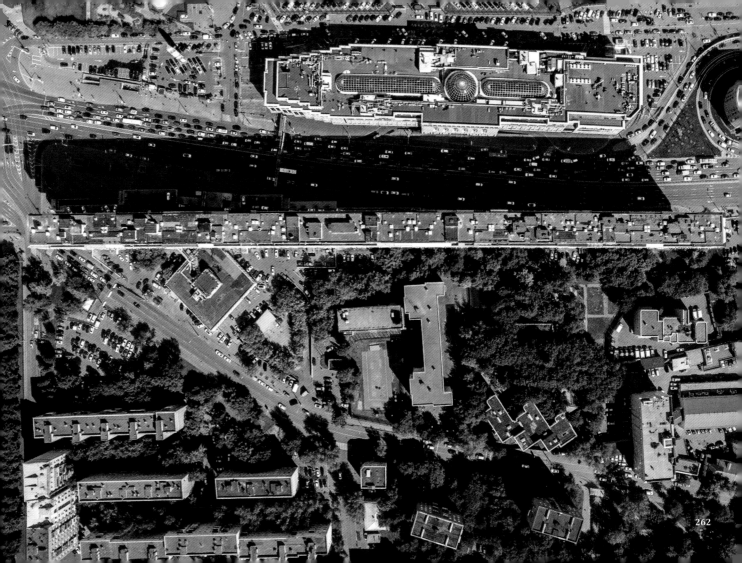

Дом атомщиков
House of the Nuclear Scientists
Wohnhaus der Nuklearwissenschaftler

1990

1981–1990
Бабад Владимир Давидович,
Воскресенский Всеволод Леонидович,
Барамидзе Важа Шалвович и др.
Большая Тульская улица, дом 2
Ⓜ Тульская

1981–1990
Vladimir Davidovich Babad,
Vsevolod Leonidovich Voskresensky,
Vazha Shalvovich Baramidze et al.
2 Bolshaya Tulskaya Street
Ⓜ Tulskaya

1981–1990
Wladimir Dawidowitsch Babad,
Wsewolod Leonidowitsch Woskressenski,
Wascha Schalwowitsch Baramidse u. a.
Bolschaja-Tulskaja-Straße 2
Ⓜ Tulskaja

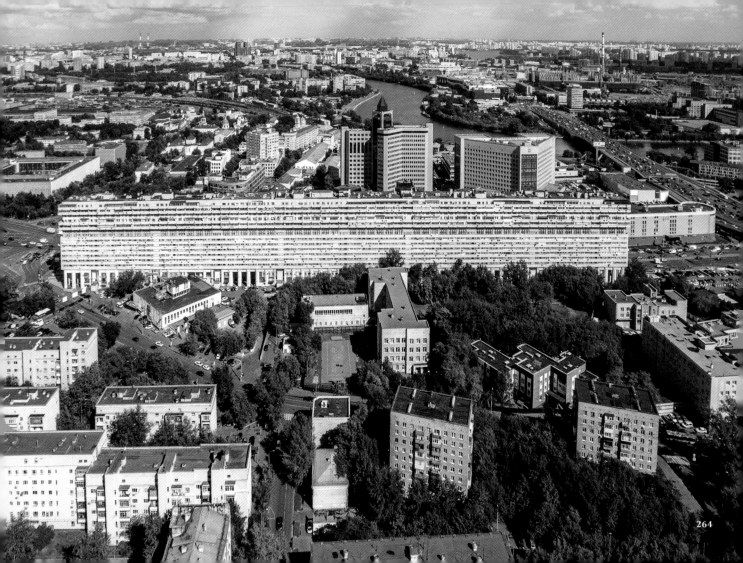

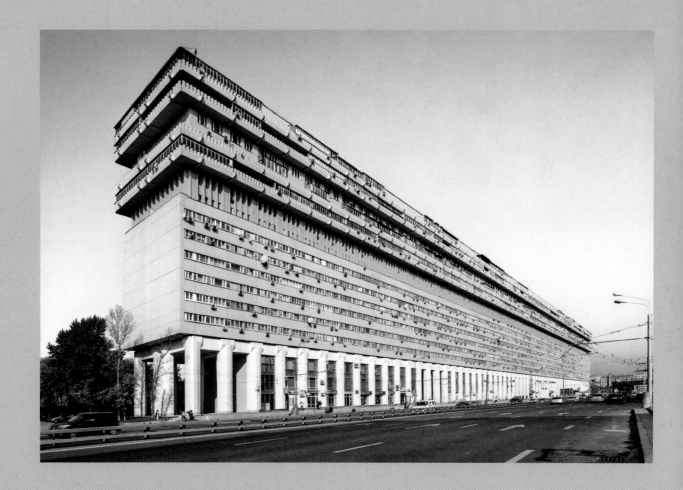

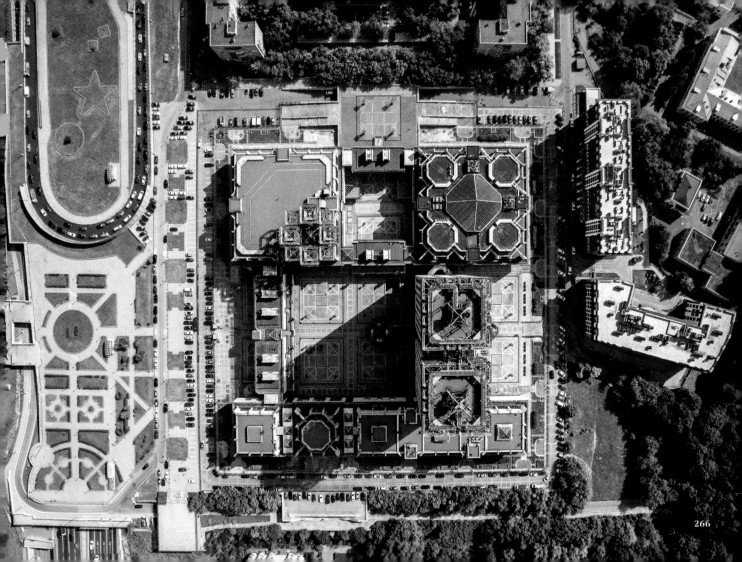

1994

Здание президиума Российской Академии наук

Presidium of the Russian Academy of Sciences

Präsidium der Russischen Akademie der Wissenschaften

1974–1994
Платонов Юрий Павлович,
Барщ Людмила Алексеевна и др.
Ленинский проспект, дом 32а
Ⓜ Ленинский проспект

1974–1994
Yuri Pavlovich Platonov,
Lyudmila Alekseevna Barshch et al.
32a Leninsky Avenue
Ⓜ Leninsky prospekt

1974–1994
Juri Pawlowitsch Platonow,
Ljudmila Alexejewna Barschtsch u. a.
Leninski-Prospekt 32a
Ⓜ Leninski prospekt

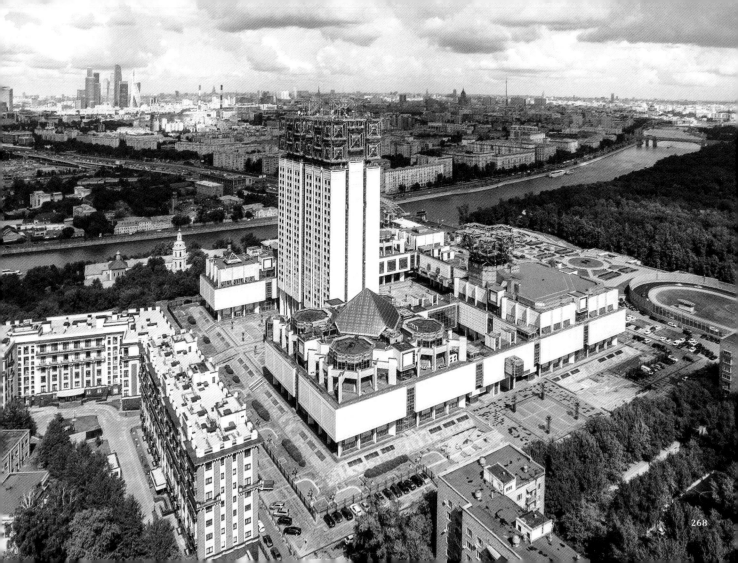

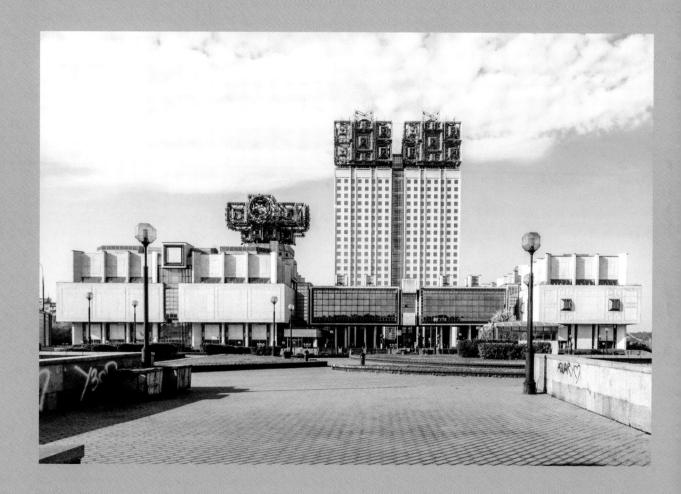

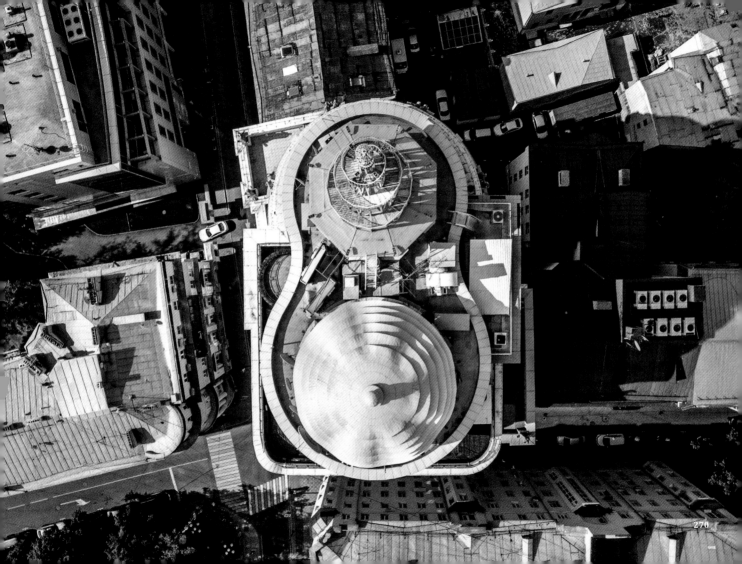

Дом Патриарх
Patriarch Residential Building
Wohngebäude Patriarch

2002

1997–2002
Ткаченко Сергей Борисович
Ермолаевский переулок, дом 15/44
Ⓜ Маяковская

1997–2002
Sergey Borisovich Tkachenko
15/44 Ermolaevsky Lane
Ⓜ Mayakovskaya

1997–2002
Sergei Borissowitsch Tkatschenko
Jermolajewski-Gasse 15/44
Ⓜ Majakowskaja

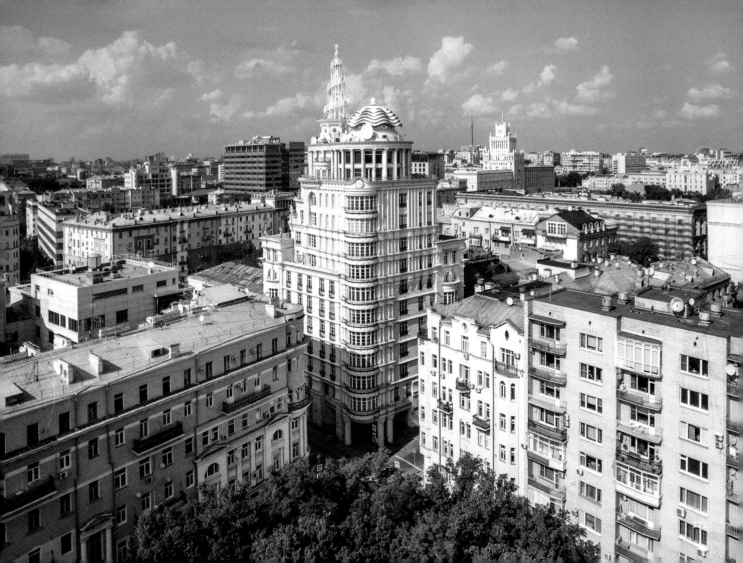

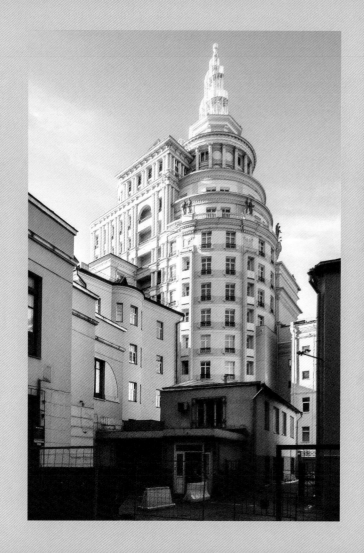

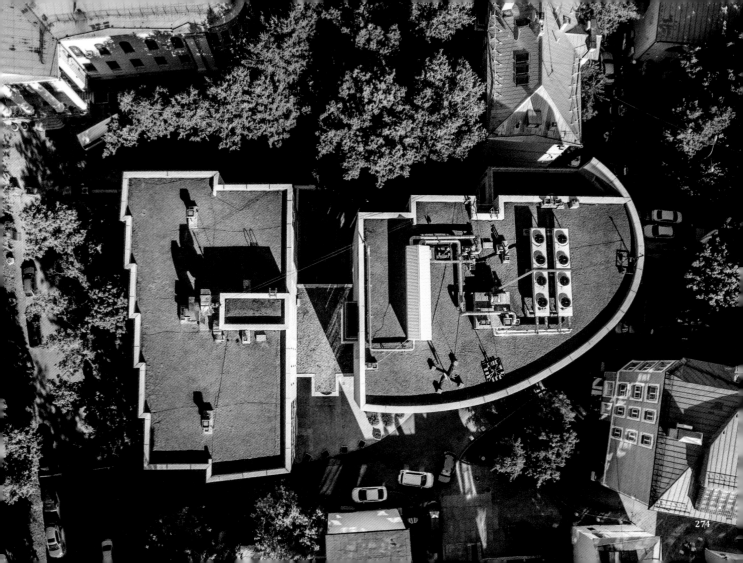

Жилой комплекс Посольский дом

Ambassador's House Residential Complex

Wohnanlage Haus des Botschafters

2004
Скокан Александр Андреевич,
Гнездилов Андрей Леонидович,
Копытова Елена Николаевна,
Елизарова Мария Александровна,
Матвеенко Михаил Анатольевич и др.
Борисоглебский переулок, дом 13/3
Ⓜ Арбатская

2004
Aleksandr Andreevich Skokan,
Andrey Leonidovich Gnezdilov,
Elena Nikolaevna Kopytova,
Mariya Aleksandrovna Elizarova,
Mikhail Anatolyevich Matveenko et al.
13/3 Borisoglebsky Lane
Ⓜ Arbatskaya

2004
Alexander Andrejewitsch Skokan,
Andrei Leonidowitsch Gnesdilow,
Jelena Nikolajewna Kopytowa,
Maria Alexandrowna Jelisarowa,
Michail Anatoljewitsch Matwejenko u. a.
Borissoglebski-Gasse 13/3
Ⓜ Arbatskaja

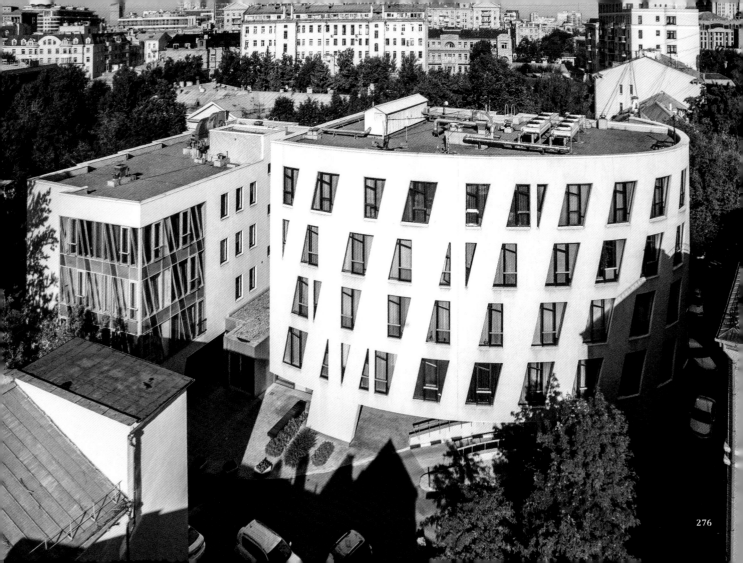

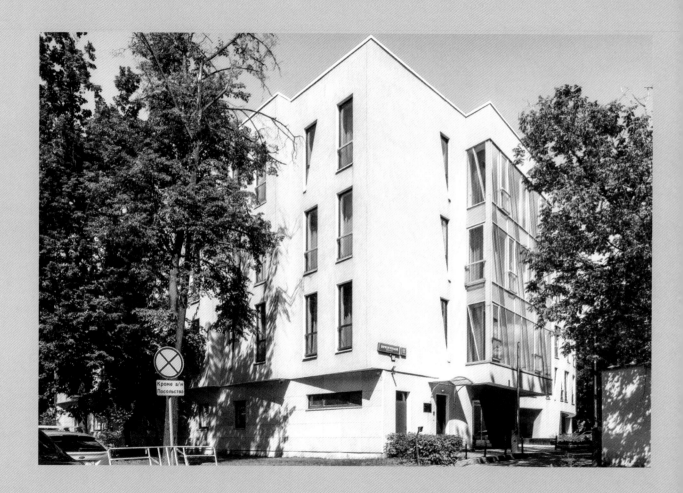

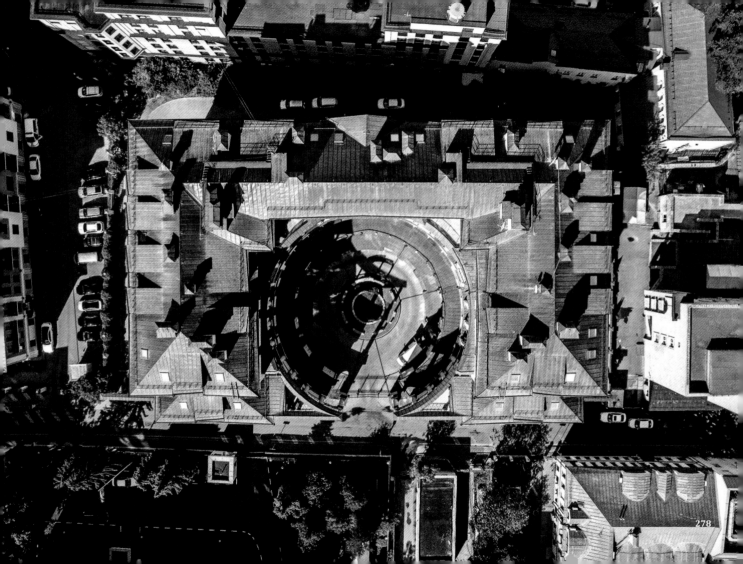

Римский Дом
Roman House Residential Complex
Wohnanlage Römisches Haus

2005

2002–2005
Филиппов Михаил Анатольевич и др.
2-й Казачий переулок, дом 4/1
Ⓜ Полянка

2002–2005
Mikhail Anatolyevich Filippov et al.
4/1 Second Kazachy Lane
Ⓜ Polyanka

2002–2005
Michail Anatoljewitsch Filippov u. a.
Zweite Kasatschi-Gasse 4/1
Ⓜ Poljanka

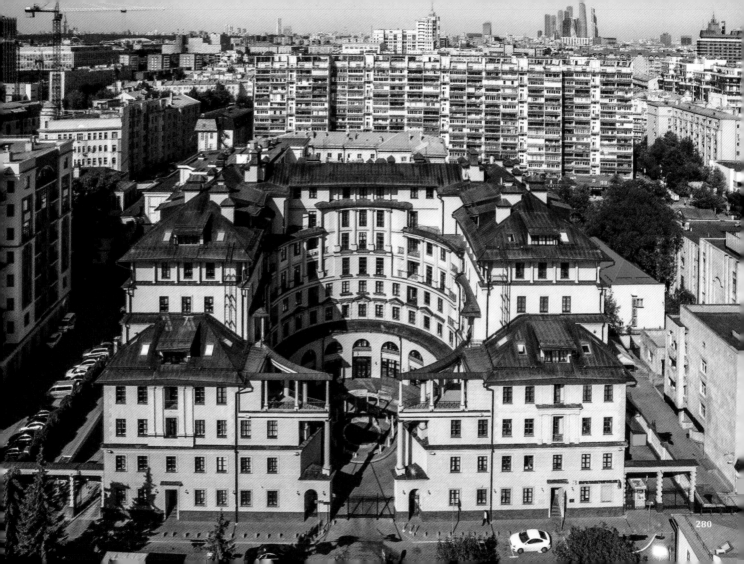

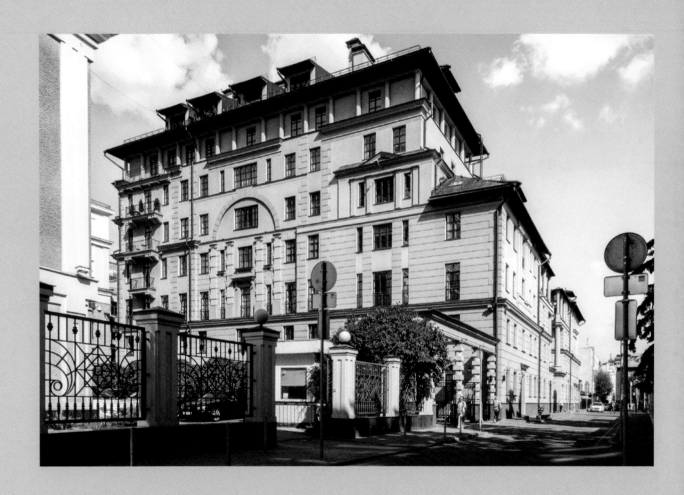

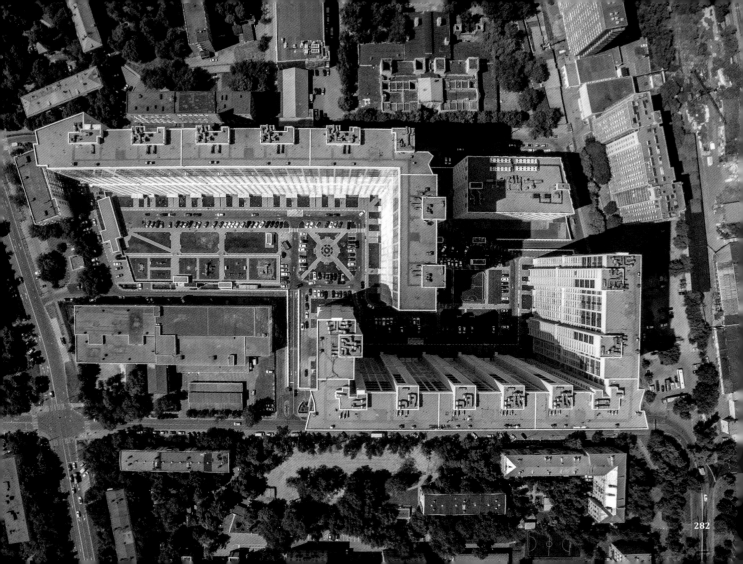

Жилой комплекс Аэробус
Aerobus Residential Complex
Wohnanlage Aerobus

2007

2004–2007
Плоткин Владимир Ионович и др.
Кочновский проезд, владение 4
Ⓜ Аэропорт

2004–2007
Vladimir Ionovich Plotkin et al.
4 Kochnovsky Alley
Ⓜ Aeroport

2004–2007
Wladimir Ionowitsch Plotkin u. a.
Kotschnowsky-Durchfahrt 4
Ⓜ Aeroport

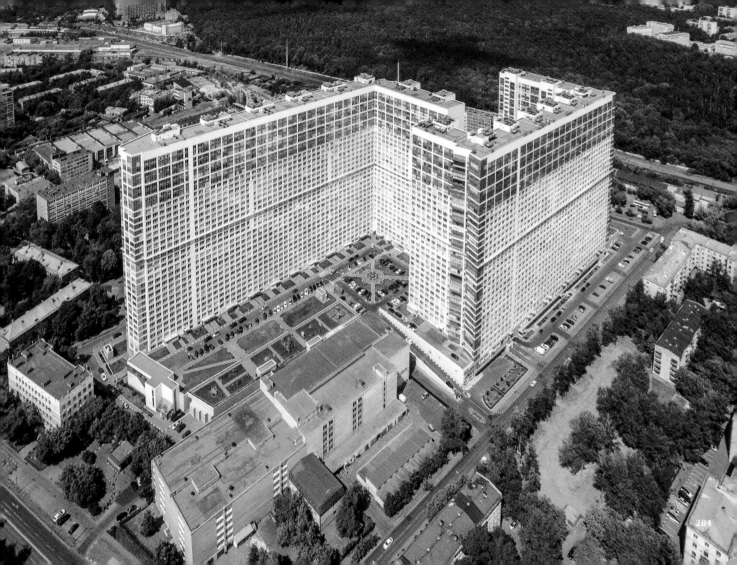

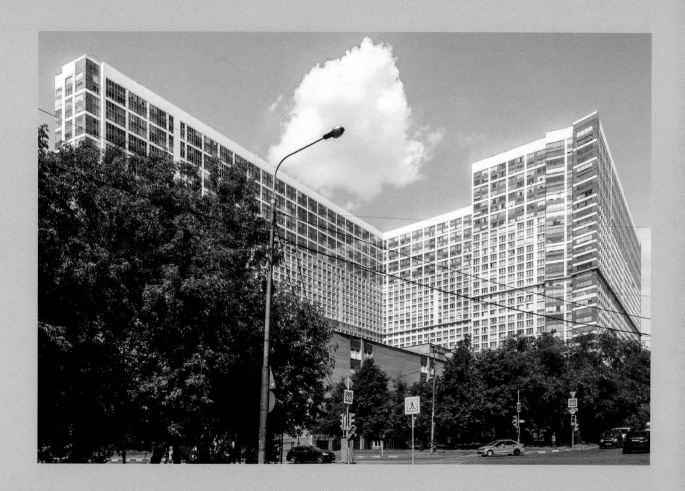

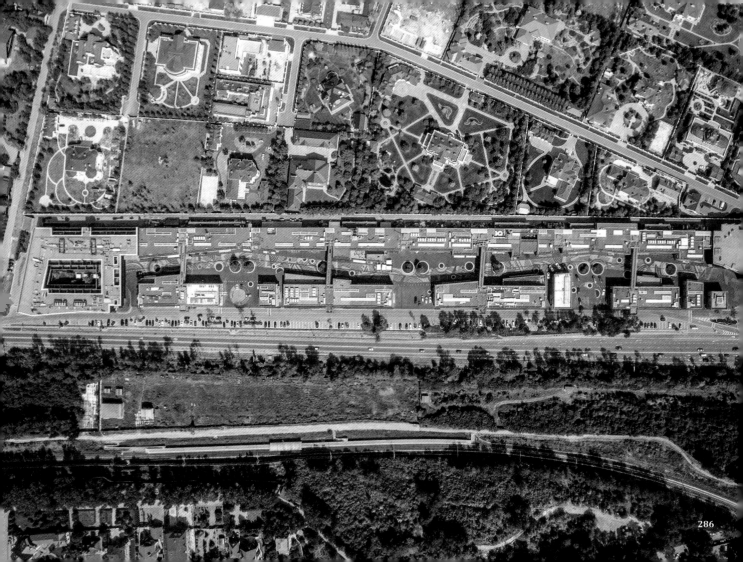

286

Барвиха Luxury Village
Barvikha Luxury Village
Luxusdorf Barwicha

2004–2008
Проект Меганом,
Григорян Юрий Эдуардович
Московская область, поселок Барвиха

2004–2008
Project Meganom,
Yuri Eduardovich Grigoryan
Moscow Region, village Barvikha

2004–2008
Projekt Meganom,
Juri Eduardowitsch Grigorjan
Region Moskau, Gemeinde Barwicha

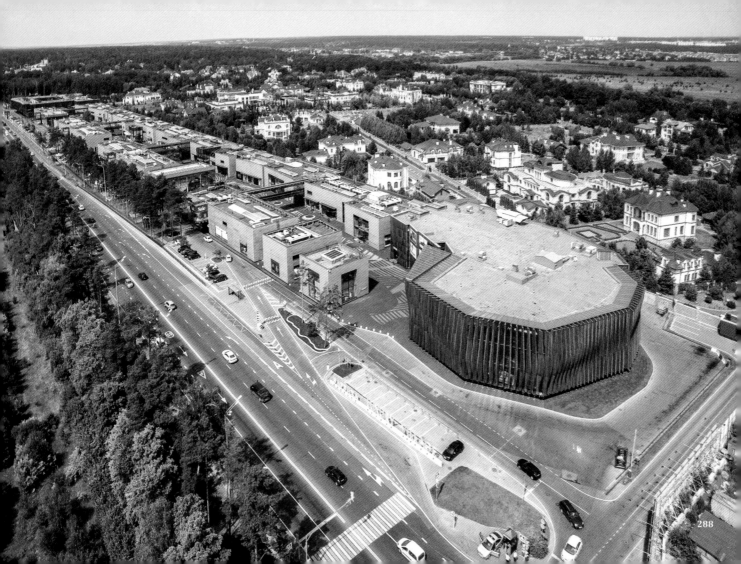

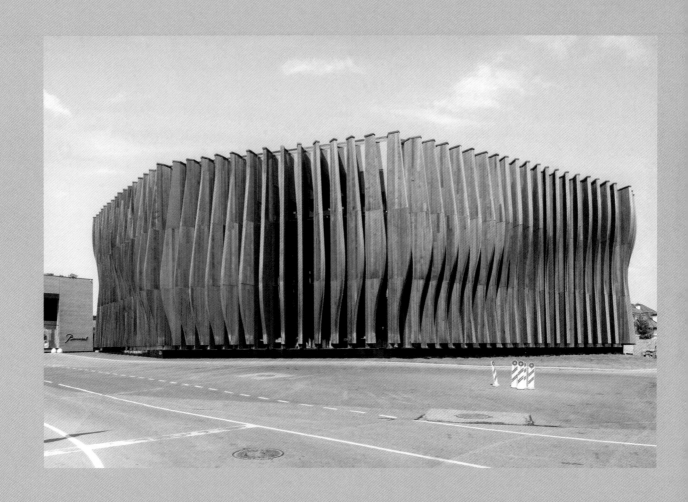

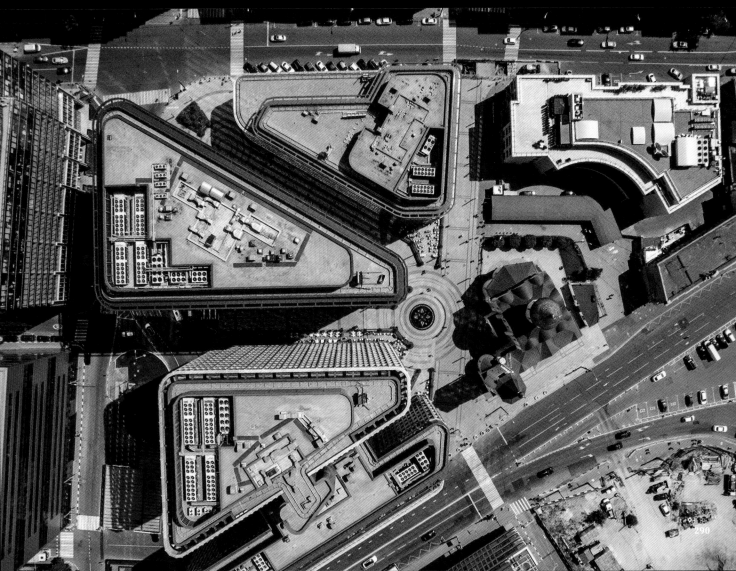

Деловой центр Белая Площадь

White Square Office Centre

Bürogebäude Weißer Platz

2009

2006–2009
Левянт Борис Владимирович,
Szymon Wojciechowski,
Witold Dudek и др.
Улица Лесная, дом 5
Ⓜ Белорусская

2006–2009
Boris Vladimirovich Levjant,
Szymon Wojciechowski,
Witold Dudek et al.
5 Lesnaya Street
Ⓜ Belorusskaya

2006–2009
Boris Wladimirowitsch Lewjant,
Szymon Wojciechowski,
Witold Dudek u. a.
Lesnaja-Straße 5
Ⓜ Belorusskaja

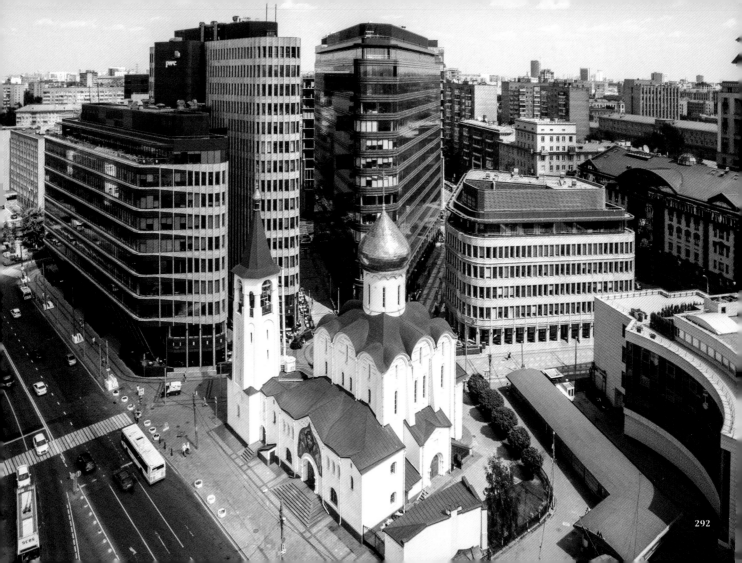

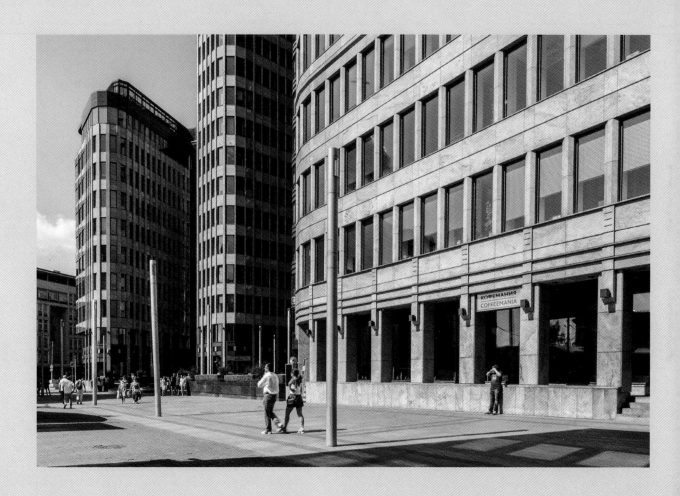

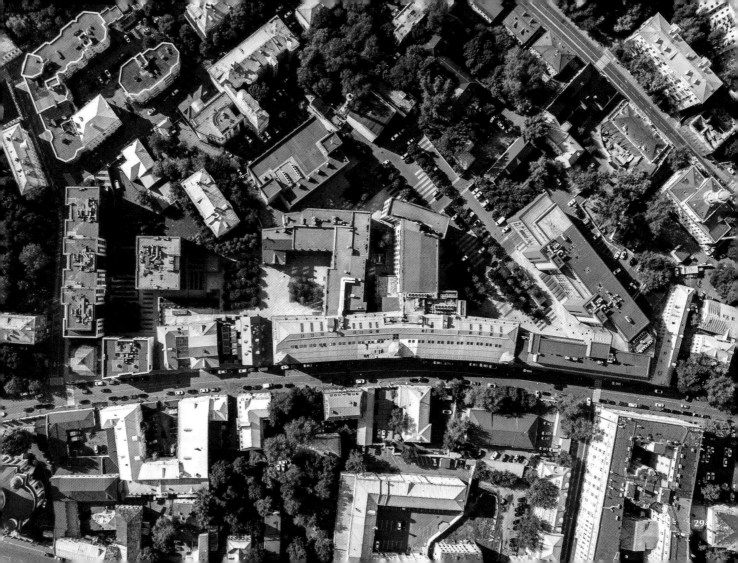

Бизнес-центр
Фабрика Станиславского

Stanislavsky Factory
Business and Cultural Centre

Geschäfts- und Kulturkomplex
Stanislawski-Fabrik

2004–2010
Джон МакАслан, ADM
Улица Станиславского, дом 21
Ⓜ Таганская

2004–2010
John McAslan + Partners
21 Stanislavsky Street
Ⓜ Taganskaya

2004–2010
John McAslan + Partners
Stanislawski-Straße 21
Ⓜ Taganskaja

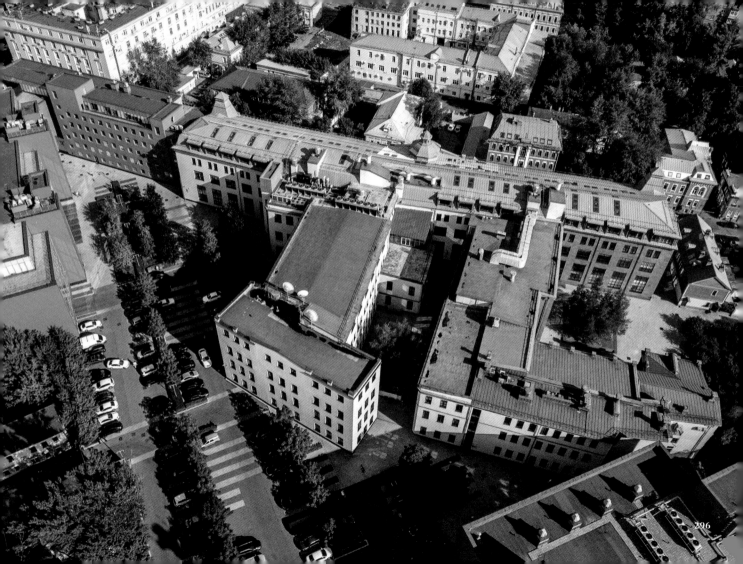

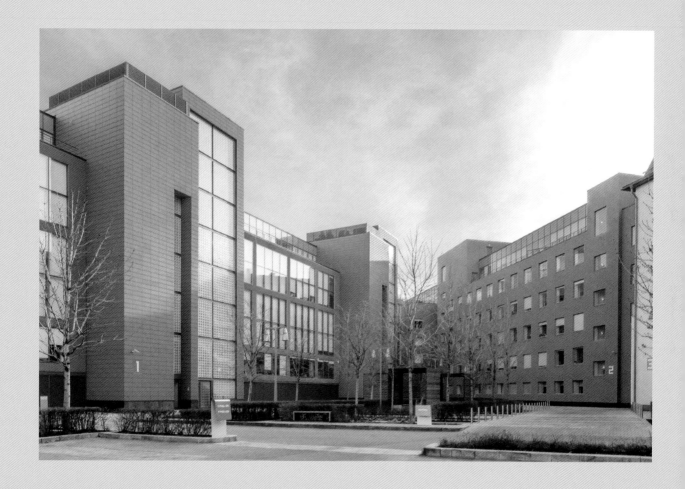

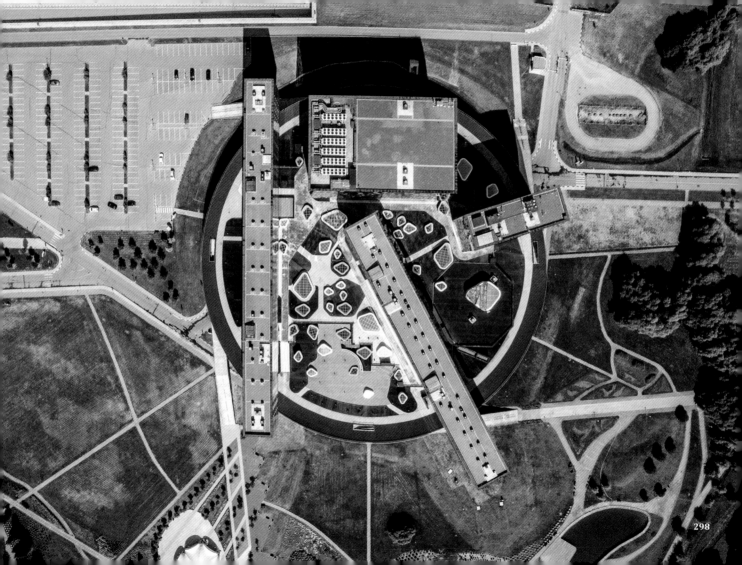

Московская школа управления Сколково
Moscow School of Management Skolkovo
Moskauer Verwaltungsschule Skolkowo

2006–2010
Adjaye Associates, Дэвид Аджайе,
Архитектурная студия «А–Б студия»
Московская область, Одинцовский
район, деревня Сколково,
улица Новая, дом 100
Ⓜ Славянский бульвар

2006–2010
Adjaye Associates, David Adjaye,
Architectural Office A–B Studio
Moscow Region, Odintsovo
District, village Skolkovo,
100 Novaya Street
Ⓜ Slavyansky Boulevard

2006–2010
Adjaye Associates, David Adjaye,
Architekturbüro A–B Studio
Region Moskau, Bezirk Odinzowo,
Gemeinde Skolkowo,
Nowaja-Straße 100
Ⓜ Slawjanski Boleveard

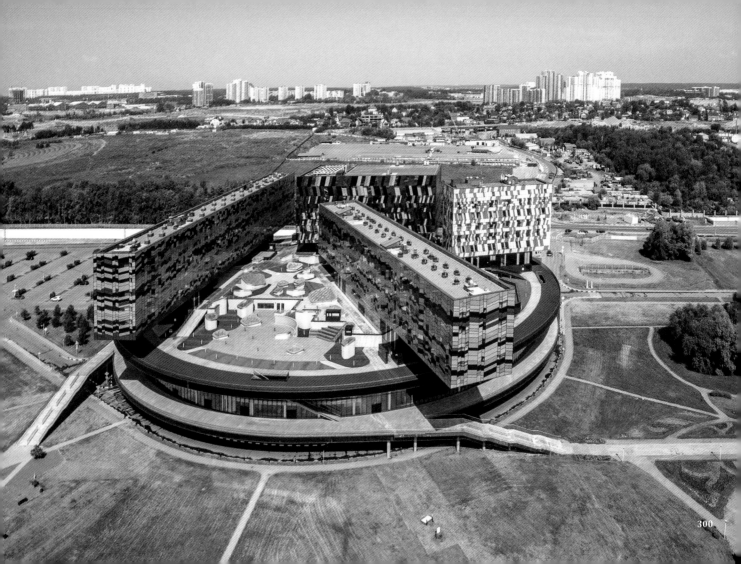

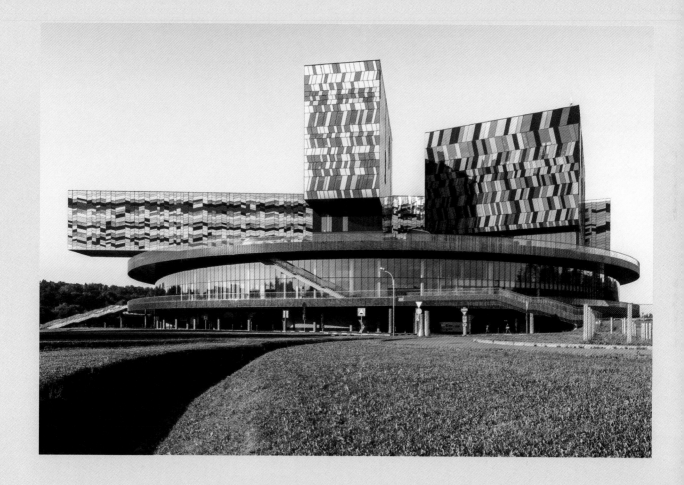

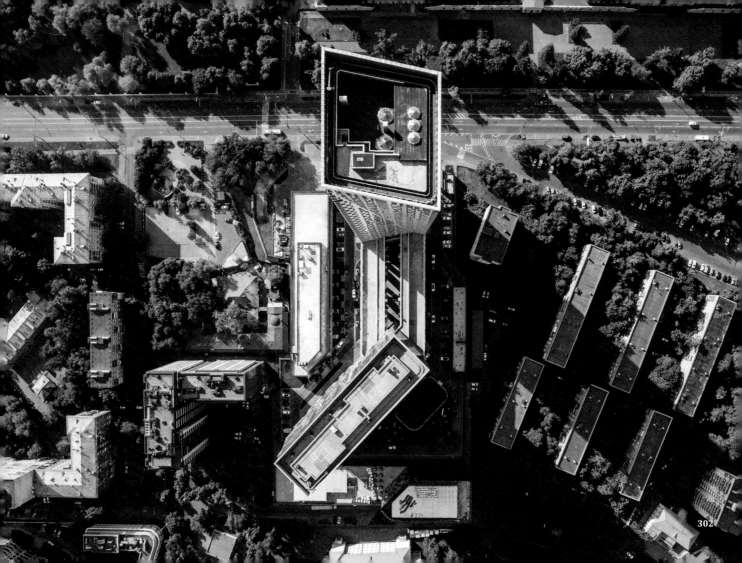

Многофункциональный жилой комплекс на Мосфильмовской

2012

Residential Complex at Mosfilm Film Studio

Wohnhochhaus am Mosfilm-Filmstudio

2006–2012
*Скуратов Сергей Александрович,
Ильин Иван Юрьевич и др.*
Улица Пырьева, владение 2
Ⓜ Парк Победы

2006–2012
*Sergey Aleksandrovich Skuratov,
Ivan Yuryevich Ilyin et al.*
2 Pyryev Street
Ⓜ Park Pobedy

2006–2012
*Sergei Alexandrowitsch Skuratow,
Iwan Jurjewitsch Iljin u. a.*
Pyrjew-Straße 2
Ⓜ Park Pobedy

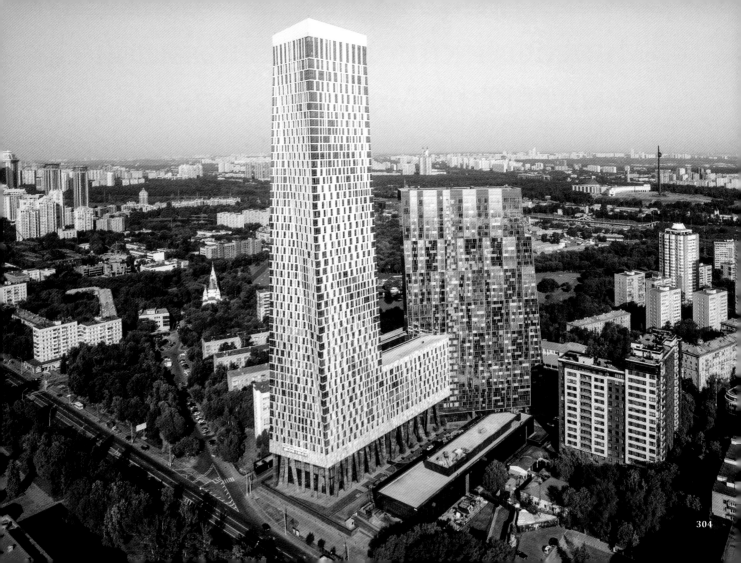

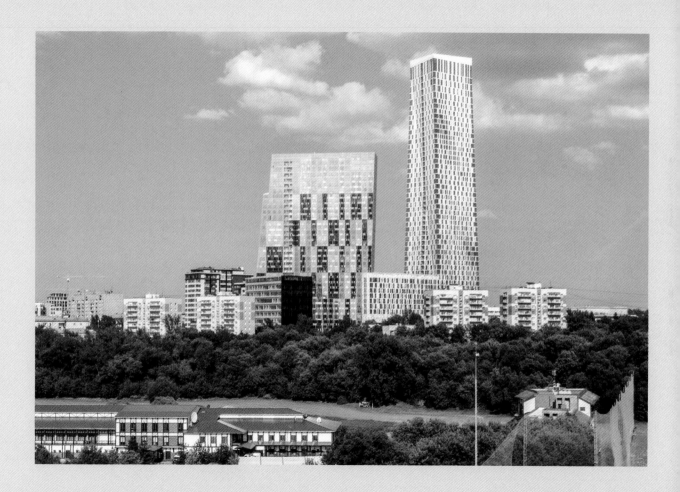

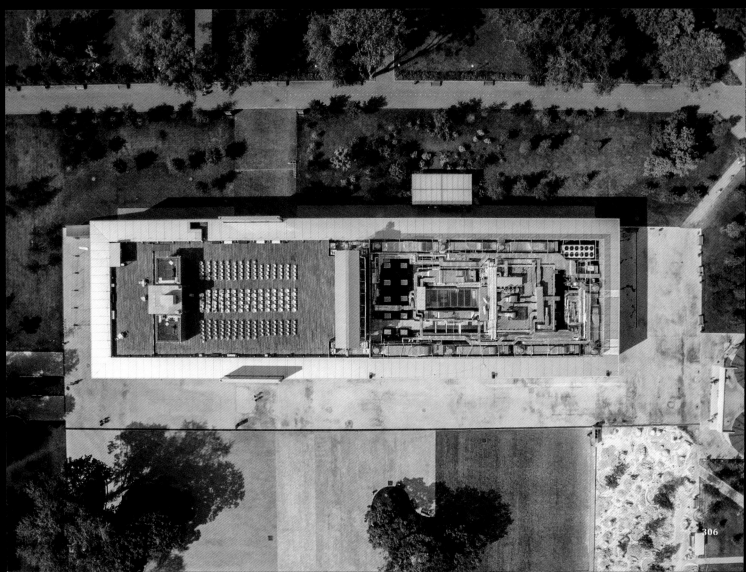

Музей современного искусства Гараж

Garage Museum of Contemporary Art

Museum für zeitgenössische Kunst Garage

2011–2015
OMA, Рем Колхас,
Головатюк Екатерина, BuroMoscow
Крымский вал, дом 9, строение 32
Ⓜ Октябрьская

2011–2015
OMA, Rem Koolhaas,
Ekaterina Golovatyuk, BuroMoscow
9/32 Krymsky Val
Ⓜ Oktyabrskaya

2011–2015
OMA, Rem Koolhaas,
Jekaterina Golowatjuk, BuroMoscow
Krymski Wal 9/32
Ⓜ Oktjabrskaja

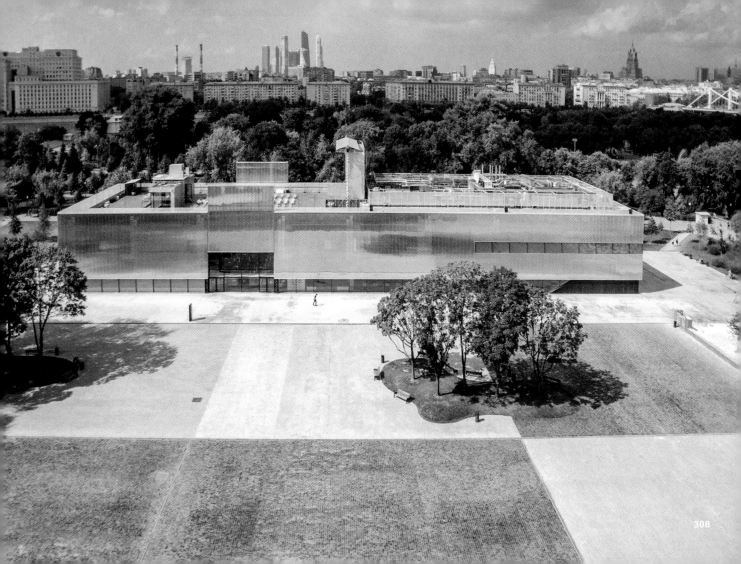

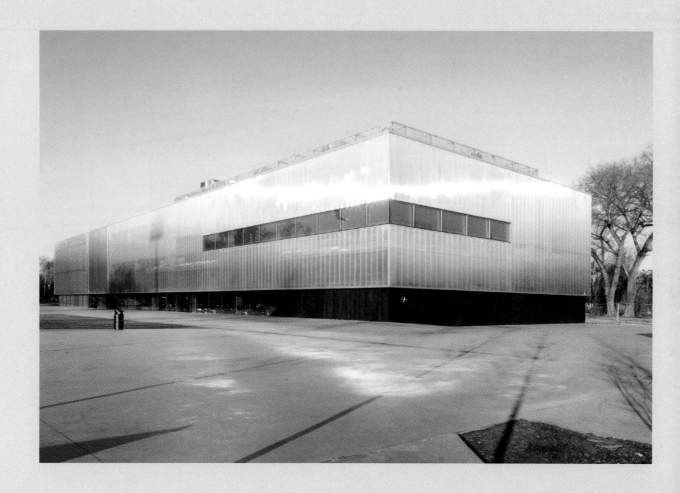

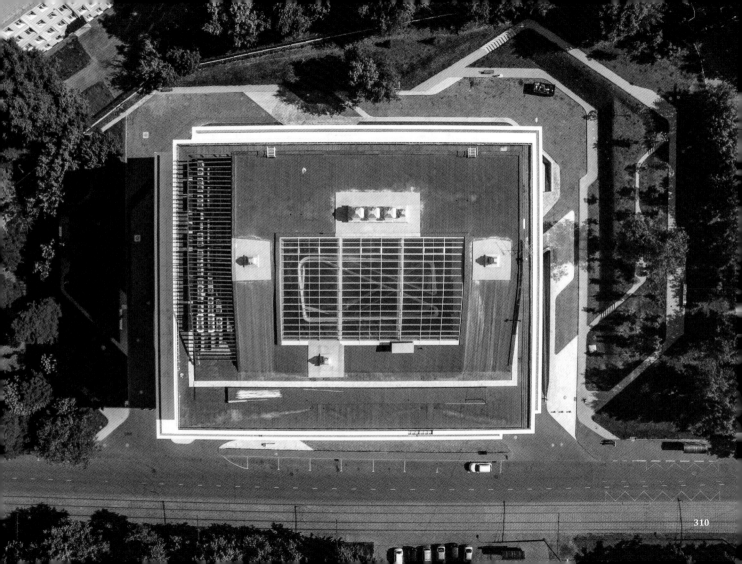

Бизнес-центр Dominion Tower

Dominion Tower Office Building

Bürogebäude Dominion Tower

2012–2015
Заха Хадид, Патрик Шумахер,
Кристос Пассас,
Лютомский Николай Вадимович
Шарикоподшипниковская улица,
дом 5, строение 1
Ⓜ Дубровка

2012–2015
Zaha Hadid, Patrik Schumacher,
Christos Passas,
Nikolay Vadimovich Lyutomsky
5 Sharikopodshipnikovskaya Street,
building 1
Ⓜ Dubrovka

2012–2015
Zaha Hadid, Patrik Schumacher,
Christos Passas,
Nikolai Wadimowitsch Ljutomski
Scharikopodschipnikowskaja-Straße 5,
Haus 1
Ⓜ Dubrowka

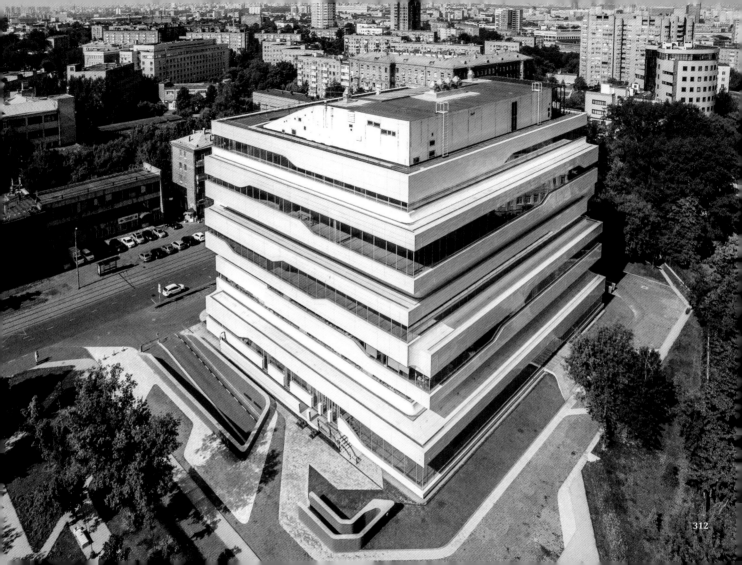

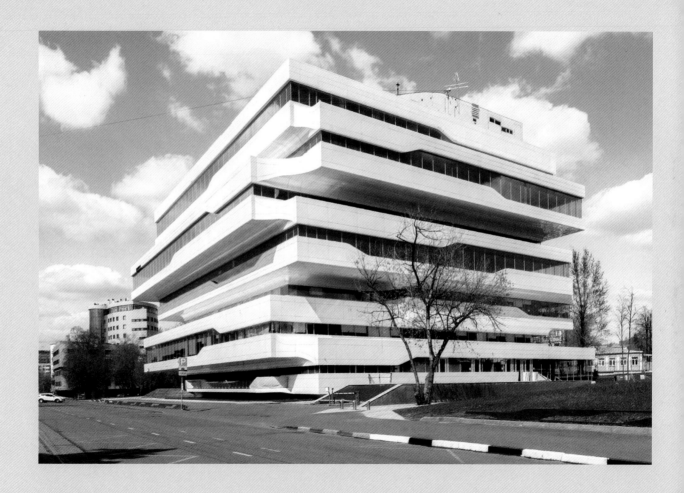

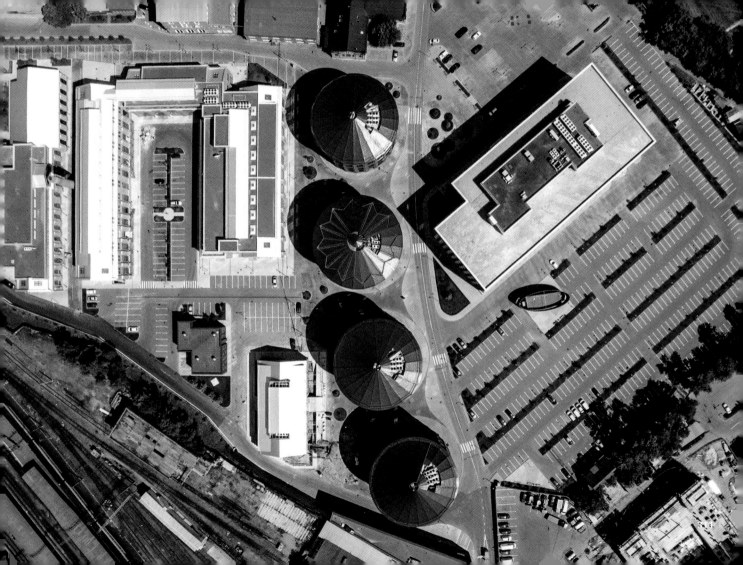

Административный комплекс Завод АРМА

ARMA Factory Office Complex

Bürokomplex Gaswerk ARMA

2012–2015
Лабутин Владимир Сергеевич и др.
Нижний Сусальный переулок, дом 5
Ⓜ Курская

2012–2015
Vladimir Sergeevich Labutin et al.
5 Nizhny Susalny Lane
Ⓜ Kurskaya

2012–2015
Wladimir Sergejewitsch Labutin u. a.
Nischni-Sussalny-Gasse 5
Ⓜ Kurskaja

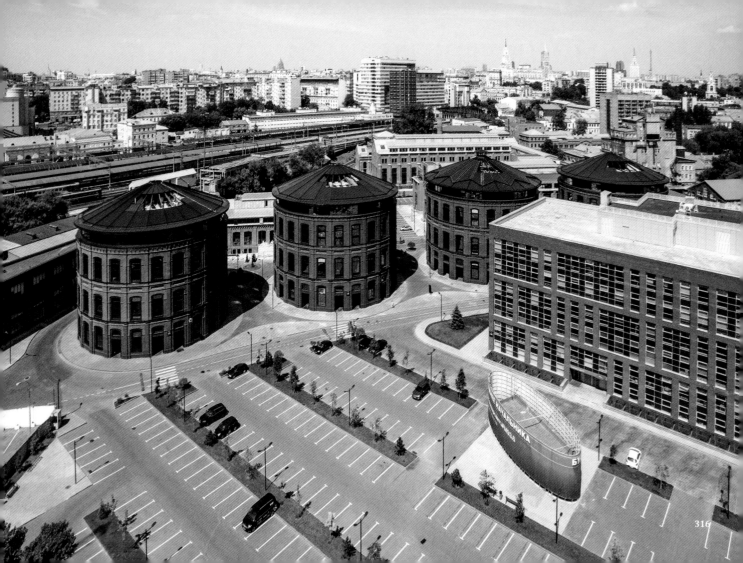

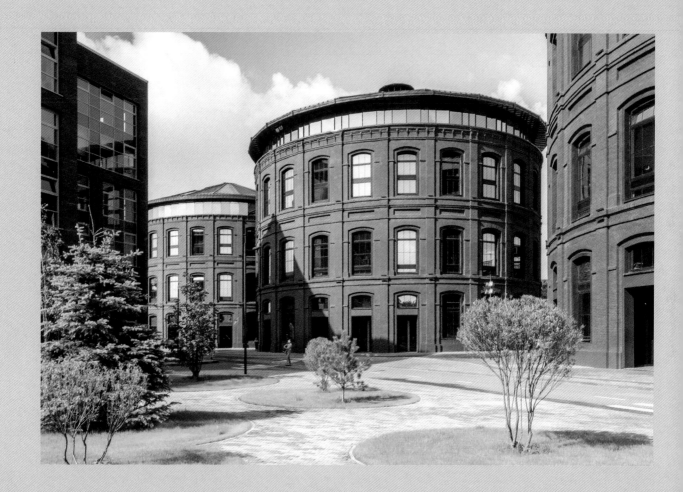

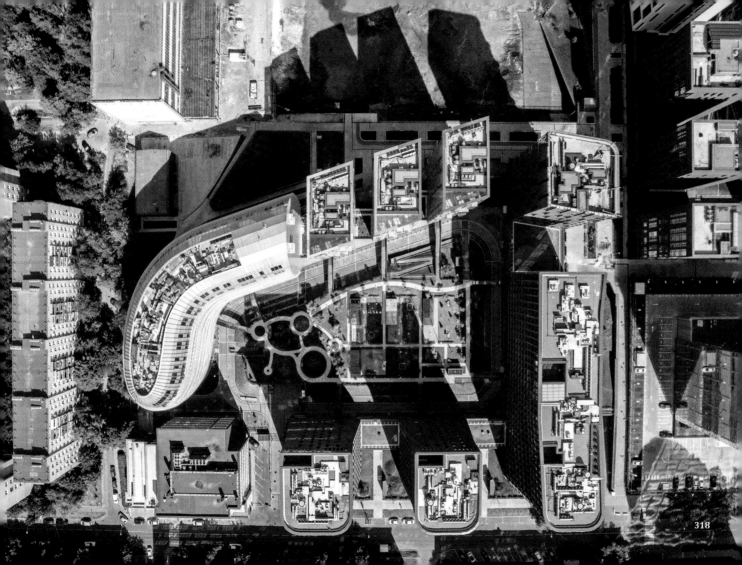

Жилой комплекс
Садовые кварталы
Garden Quarters
Residential Complex
Wohnanlage Gartenquartier

2018

2010–2018
Скуратов Сергей Александрович,
Панёв Александр Владимирович и др.
Улица Усачёва, корпус 2/1-2/4, 3/1-3/9
Ⓜ Фрунзенская

2010–2018
Sergey Aleksandrovich Skuratov,
Aleksandr Vladimirovich Panev et al.
2/1-2/4, 3/1-3/9 Usachev Street
Ⓜ Frunzenskaya

2010–2018
Sergei Alexandrowitsch Skuratow,
Alexander Wladimirowitsch Panjow u. a.
Ussatschow-Straße 2/1-2/4, 3/1-3/9
Ⓜ Frunsenskaja

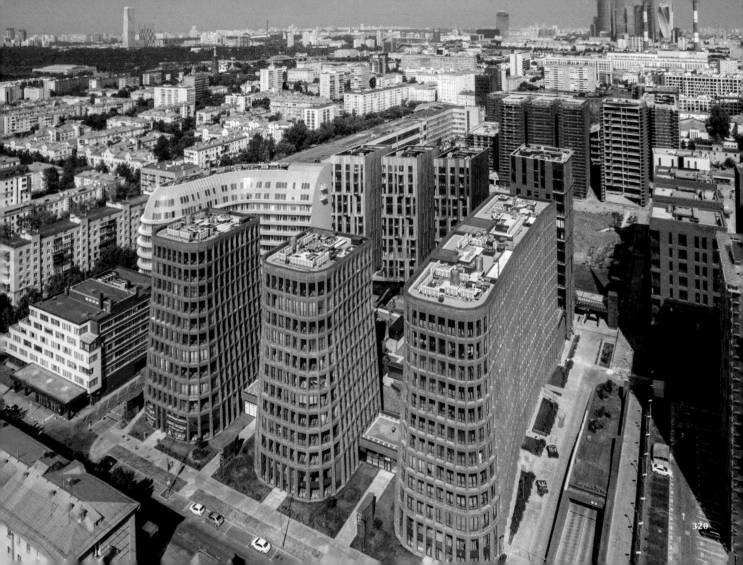

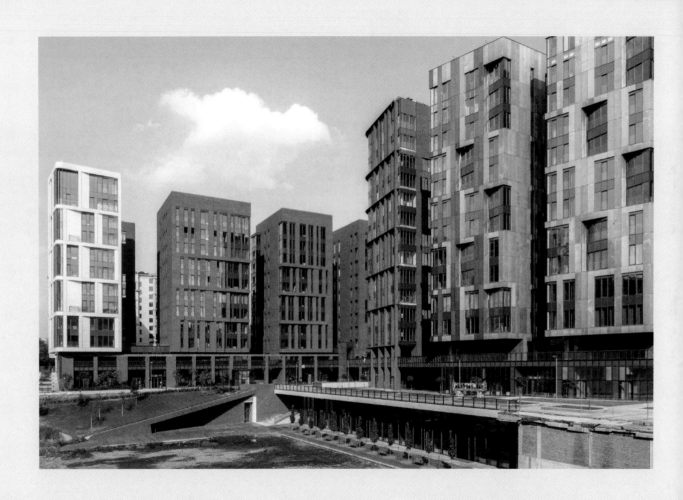

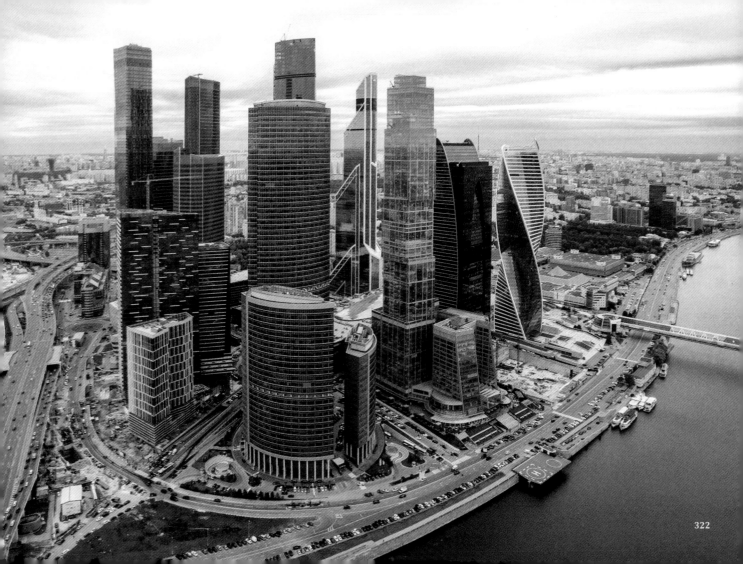

Московский международный деловой центр Москва-Сити

International Business Centre Moscow City

Internationales Geschäftszentrum Moscow City

2018

1996–2018
Архитекторы – см. стр. 330
Пресненская набережная
Ⓜ Деловой центр

1996–2018
Architects – see page 335
Presnenskaya Embankment
Ⓜ Delovoy Tsentr

1996–2018
Architekten – siehe Seite 335
Presnenskaja-Ufer
Ⓜ Delowoi Zentr

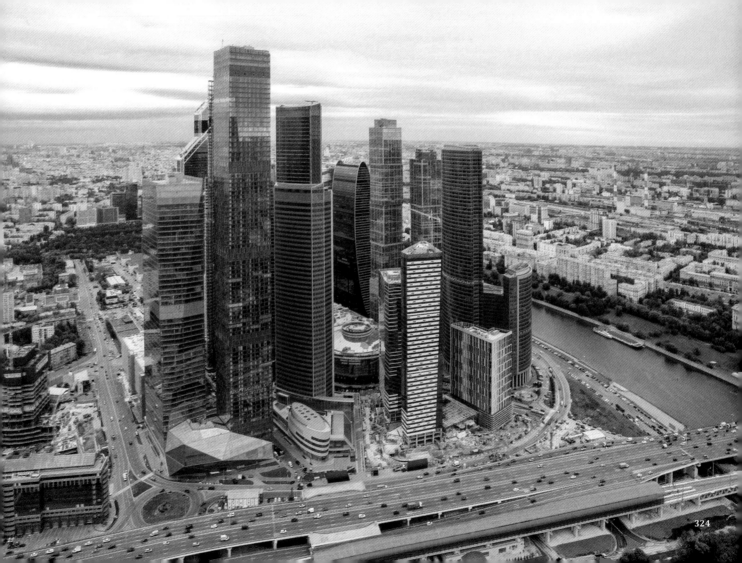

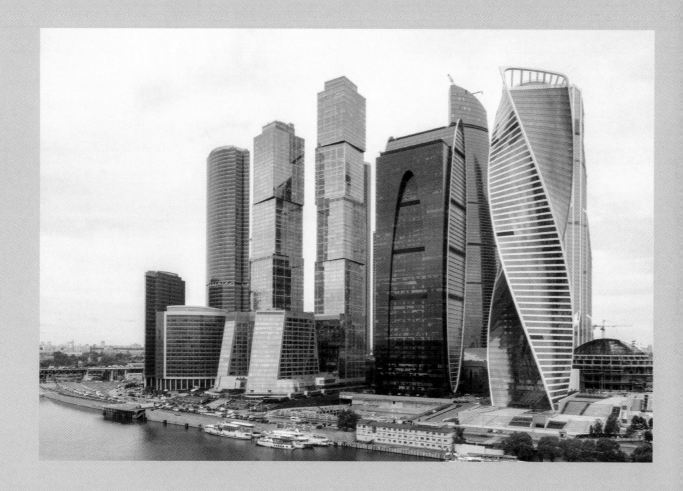

Приложение

название
годы
архитекторы
инженеры / конструкторы
адрес
Ⓜ метро

Оператор дрона – Александр Кавдерко. Если отмечено *, оператор – Дмитрий Василенко

Шаболовская радиобашня
1919–1922
Шухов Владимир Григорьевич
Улица Шаболовка, дом 37/7
Ⓜ Шаболовская

Экспериментальный дом-мастерская архитектора К. С. Мельникова
1927–1929
Мельников Константин Степанович
Кривоарбатский переулок, дом 10
Ⓜ Смоленская

Дом культуры имени И. В. Русакова
1927–1929
Мельников Константин Степанович
Улица Стромынка, дом 6
Ⓜ Сокольники

Клуб завода Каучук
1927–1929

Мельников Константин Степанович,
Карлсен Генрих Георгиевич
Улица Плющиха, дом 64/6, строение 1
Ⓜ Фрунзенская

Клуб профсоюза коммунальников имени С. М. Зуева
1927–1929
Голосов Илья Александрович
Лесная улица, дом 18
Ⓜ Белорусская

Хавско–Шаболовский жилой комплекс
1927–1930
Травин Николай,
Йозефович И. Л., Бибиков В. И.,
Блохин Борис Николаевич,
Айзикович Самуил Яковлевич,
Вольфензон Георгий Яковлевич,
Волков Е. Е., Барулин А. В.,
Леонтович С. П., Носов С. А.
Улица Лестева, дом 13, корпус 3; дом 15, корпус 1, 2; дом 19, корпус 1, 2; дом 21, корпус 2. Улица Шаболовка, дом 63, корпус 2; дом 65, корпус 2; дом 67. Серпуховский Вал, дом 22, корпус 2, 3; дом 24, корпус 1, 2; дом 28
Ⓜ Шаболовская

Комплекс Дома правительства (Дом на Набережной)
1928–1931
Иофан Борис Михайлович,
Иофан Дмитрий Михайлович
Улица Серафимовича, дом 2
Ⓜ Боровицкая

Ансамбль экспериментального жилого дома Наркомфина
1928–1932
Гинзбург Моисей Яковлевич,
Милинис Игнатий Францевич
Прохоров Сергей Львович
Новинский бульвар, дом 25/1
Ⓜ Баррикадная

Павильон станции Московского метрополитена Красные ворота (Южный вестибюль)
1935
Ладовский Николай Александрович
Садовая–Спасская улица, дом 21/1
Ⓜ Красные Ворота

Здание Центросоюза (Наркомлегпрома)*
1928–1936
Ле Корбюзье, Колли Николай Джемсович (Яковлевич)
Мясницкая улица, дом 39, строение 1
Ⓜ Тургеневская

Военная академия Рабоче-крестьянской Красной армии имени М. В. Фрунзе (ныне – Общевойсковая академия Вооруженных сил РФ)
1932–1937
Руднев Лев Владимирович,
Мунц Владимир Оскарович
Проезд Девичьего поля, дом 4
Ⓜ Киевская

Павильон Рабочий и колхозница
1937
Иофан Борис Михайлович,
скульптор Мухина Вера Игнатьевна
Проспект Мира, дом 123б
Ⓜ ВДНХ

Северный речной вокзал
1932–1937
Рухлядев Алексей Михайлович,
Кринский Владимир Фёдорович
Ленинградское шоссе, дом 51
Ⓜ Речной вокзал

Дворец культуры автозавода имени Лихачева (ДК ЗИЛ)
1931–1937
Веснин Александр Александрович,
Веснин Виктор Александрович,
Веснин Леонид Александрович
Восточная улица, дом 4, корпус 1
Ⓜ Автозаводская

Водный стадион Динамо
1938
Мовчан Геннадий Яковлевич
Ленинградское шоссе, дом 39, строение 6
Ⓜ Водный стадион

Дворец культуры имени С. П. Горбунова в Филях
1931–1938
Корнфельд Яков Абрамович
Новозаводская улица, дом 27
Ⓜ Багратионовская

Кинотеатр Родина
1937 1938
Корнфельд Яков Абрамович,
Калмыков Виктор Петрович
Измайловский Вал, дом 5
Ⓜ Семёновская

Павильоны станции
Московского метрополите-
на Динамо
1938
Чечулин Дмитрий Николаевич
Ближайшее здание:
Ленинградский проспект,
дом 36
Ⓜ Динамо

Шлюз №2 Яузского
(Сыромятнического) узла
1936–1939
Гольц Георгий Павлович
Набережная Академика
Туполева, дом 4, строение 1
Ⓜ Чкаловская

Ажурный дом
1936–1940
Буров Андрей Константинович,
Блохин Борис Николаевич
Ленинградский проспект,
дом 27
Ⓜ Динамо

Центральный
Академический театр
Советской Армии (ныне –
Центральный академи-
ческий театр Российской
армии)
1934–1940
Алабян Каро Семенович,

Симбирцев Василий Николаевич
Суворовская площадь, дом 2
Ⓜ Достоевская

Жилой дом военно-
инженерной Академии
имени В. В. Куйбышева на
Яузском бульваре
1934–1941
Голосов Илья Александрович
Подколокольный переулок,
16/2, строение 2
Ⓜ Китай-город

Главное здание Московского
государственного универси-
тета имени М. В. Ломоносова
1949–1953
Руднев Лев Владимирович,
Насонов Всеволод Николаевич,
Чернышёв Сергей Егорович,
Абросимов Павел Васильевич,
Хряков Александр Фёдорович
Ленинские горы, дом 1
Ⓜ Университет

Центральный (Главный)
павильон ВДНХ СССР
1954
Щуко Юрий Владимирович,
Столяров Евгений Алексеевич
Проспект Мира, дом 119,
строение 1
Ⓜ ВДНХ

Павильон № 32–34 ВДНХ
Космос/Машиностроение
(бывший Механизация)
1939–1954
Андреев Виктор Семёнович,
Таранов Иван Георгиевич,

Быкова Надежда Александровна
Проспект Мира, дом 119,
строение 34
Ⓜ ВДНХ

Здание Всесоюзного
центрального совета про-
фессиональных союзов
1931–1958
Власов Александр Васильевич
Ленинский проспект, дом 42,
корпус 1–2–3
Ⓜ Воробьёвы Горы

Наземная станция
Московского Метрополитена
Студенческая
1958
Зенкевич Юрий, Погребной
Римидалв Иванович
Головинова М. В.
Ⓜ Студенческая

Дворец пионеров и школь-
ников имени 40-летия
Всесоюзной пионерской
организации
(ныне – Московский город-
ской Дворец детского (юно-
шеского) творчества)
1958 – 1962
Егерев Виктор Сергеевич,
Кубасов Владимир Степанович,
Новиков Феликс Аронович,
Покровский Игорь
Александрович,
Палуй Борис Владимирович,
Хажакян Михаил Николаевич,
Ионов Юрий Иванович
Улица Косыгина, дом 17
Ⓜ Университет

Телевизионная башня
в Останкино
1960–1967
Баталов Леонид Ильич,
Бурдин Дмитрий Иванович,
Шкуд Моисей Абрамович
Никитин Николай Васильевич,
Щипакин Лев Николаевич,
Злобин Борис Алексеевич
Улица Академика Королева,
дом 15, корпус 2
Ⓜ Бутырская

Здание павильона СССР
на ЭКСПО-67 в Монреале
(Павильон №70 ВДНХ СССР)
1967
Посохин Михаил Васильевич,
Мндоянц Ашот Ашотович,
Тхор Борис Иванович
Кондратьев А. Н.
Проспект Мира, дом 119,
строение 70
Ⓜ ВДНХ

Проспект Калинина
(ныне – Новый Арбат)
1962 – 1968
Посохин Михаил Васильевич,
Мндоянц Ашот Ашотович,
Макаревич Глеб Васильевич,
Тхор Борис Иванович,
Айрапетов Шаген
Александрович, Попов Ю.,
Покровский Игорь
Александрович
Улица Новый Арбат,
дом 11, 15, 19, 21
Ⓜ Арбатская

Большой Московский Государственный цирк
1971
Белопольский Яков Борисович, Вулых Ефим Петрович, Хавин Владимир Иосифович, Сатунц Степан Христофорович, Феоктистов С. С., Судаков Алексей Федорович, Васильев В.
Кривин Г., Левенштейн А., Хромов Георгий Семенович, Березин В., Дыховичный Юрий Абрамович
Проспект Вернадского, дом 7
Ⓜ Университет

Жилой комплекс Дом нового быта (ныне – Дом аспиранта и стажера МГУ)
1965–1971
Остерман Натан Абрамович, Петрушкова А. В., Канаева И. Н., Константиновский Григорий, Карлсен Генрих Георгиевич
Керштейн С. И., Шапиро В. Н., Хорева А. В.
Улица Шверника, дом 19
Ⓜ Крымская

Московский институт инженеров гражданской авиации (ныне – Московский государственный технический университет гражданской авиации)
1976
Путинцев Эдуард Петрович
Кронштадтский бульвар, дом 20
Ⓜ Водный стадион

Экспериментальный жилой комплекс Лебедь*
1967–1973
Меерсон Андрей Дмитриевич, Подольская Елена Вениаминовна, Репетий А., Федоров А.
Ляховский Б., Гордон А., Морозов Д., Самодов В.
Ленинградское шоссе, дом 29–35
Ⓜ Балтийская

Главный вычислительный центр Госплана СССР*
1966–1974
Павлов Леонид Николаевич, Гончар Лидия Юрьевна, Семёнов А. П., Трубникова О. А.
Проспект Академика Сахарова, дом 12
Ⓜ Красные Ворота

Центральная площадь г. Зеленограда
1975
Покровский Игорь Александрович
Центральная площадь, дом 1

Станция технического обслуживания автомобилей Жигули*
1967–1977
Павлов Леонид Николаевич, Гончар Лидия Юрьевна, Копелиович Елена Семеновна, Чертов Р. Е., Геллер С. М.
Гармсен Е. Б., Лесневский А. С., Тростин В. П.
Варшавское шоссе, дом 170г
Ⓜ Аннино

Круглый дом на улице Довженко
1979
Стамо Евгений Николаевич
Улица Довженко, дом 6
Ⓜ Парк Победы

Гостиница Космос
1976 – 1979
Андреев Виктор Семёнович, Заикин Т. Г., Стейскал Владимир Вячеславович, Кагуб О., Жюгло П., Эпштейн С.
Проспект Мира, дом 150
Ⓜ ВДНХ

Московский государственный академический детский музыкальный театр имени Н. И. Сац
1975–1979
Великанов Александр Александрович, Красильников Владилен Дмитриевич, Орлов В. М.
Белов С., Гуров Ю.
Проспект Вернадского, дом 5
Ⓜ Университет

Универсальный спортивный зал Дружба в Лужниках
1979
Рожин Игорь Евгеньевич, Большаков Ю. В., Тарасевич В., Понтрягин В., Соколов Д.
Розовский Ю., Рудь Т., Харитонов Л., Жуковский Э.
Лужнецкая набережная, дом 24, строение 5
Ⓜ Воробьёвы Горы

Велотрек Крылатское
1976–1979
Воронина Нина И., Оспенников Александр Г.
Ханджи Виктор Викторович, Родиченко Ю. С., Бородин В. А., Лисицин И. В., Савицкий М. В.
Улица Крылатская, дом 10
Ⓜ Молодёжная

Музей Автомобильного завода имени Ленинского Комсомола (АЗЛК)
1975–1980
Регентов Юрий Андреевич
Волгоградский проспект, дом 42
Ⓜ Текстильщики

Дворец спорта Динамо
1977–1980
Розанов Евгений Григорьевич, Милашевский Владимир Вениаминович, Михалев И. А., Чивиков Евгений Константинович
Герчиков Ю. Г., Леонтьев Д. И., Травуш Владимир Ильич, Фридман. Ю. Г.
Улица Лавочкина, дом 32
Ⓜ Речной вокзал

Главный пресс–центр Олимпиады на Зубовском бульваре (ныне – Международный мультимедийный пресс–центр МИА Россия сегодня)
1977–1980
Антонов В. К., Виноградский Игорь Михайлович, Дубровский А. С., Калмыков Ю. В.,

Орлов В. М., Файбисович Семен
Берклайд Михаил Моисеевич,
Хаджибаронов Сергей Павлович,
Солдатов Е., Горшкова Н.
Зубовский бульвар, дом 4
Ⓜ Парк Культуры

Дом Советов РСФСР, далее Дом Советов России, Дом правительства Российской Федерации (Белый дом России)
1965–1981
Чечулин Дмитрий Николаевич,
Штеллер Павел Павлович,
Марсин В.
Краснопресненская
набережная, дом 2
Ⓜ Краснопресненская

Образцово–перспективный жилой район Северное Чертаново*
1975–1982
Посохин Михаил Васильевич,
Дюбек Лев Карлович,
Шапиро Абрам Генрихович,
Мисожников Лев Валентинович,
Кеглер Альфред Рудольфович
Демидов Д., Белавин И.,
Кернштейн С.
Чертаново Северное
Ⓜ Чертановская

Инженерный корпус Московского метрополитена
1982
Таранов Андрей Иванович,
Гинзбург Владимир Моисеевич
Проспект Мира, дом 41, стр. 2
Ⓜ Проспект Мира

Московский Дворец Молодежи
1972–1982
Белопольский Яков Борисович,
Беленя Максим Евгеньевич,
Посохин Михаил Михайлович,
Хавин Владимир Иосифович
Комсомольский проспект,
дом 28
Ⓜ Фрунзенская

Музей В. И. Ленина в Горках*
1977–1984
Павлов Леонид Николаевич,
Гончар Лидия Юрьевна
Муромцев Л. А., Архангельский Н.
Московская область,
Ленинский район, поселок
Горки Ленинские

Институт биоорганической химии имени академиков М. М. Шемякина и Ю. А. Овчинникова Российской академии наук (ИБХ РАН)*
1976 – 1984
Платонов Юрий Павлович,
Ильчик Леонид Александрович,
Панфил А., Шульга И.
Улица Миклухо–Маклая,
дом 16/10
Ⓜ Беляево

Театр на Таганке
1974–1985
Анисимов Александр Викторович,
Гнедовский Юрий Петрович,
Таранцев Борис, Ульянова С.
Белицкий В., Герасимов И.,
Мурашкин Рудольф Иванович,

Анчин Л., Маров Н.,
Ионов Ю. И.
Земляной Вал, дом 76/21,
строение 1
Ⓜ Таганская

Палеонтологический музей имени Ю. А. Орлова*
1972–1987
Платонов Юрий Павлович,
Коган В. М., Нагих В. П.,
Яковенко Л. А.
Гринев Ф., Киевский С.
Профсоюзная улица, дом 123
Ⓜ Тёплый Стан

Экспериментальный жилой дом на 1 000 квартир (Дом–корабль / Дом атомщиков)
1981–1990
Бабад Владимир Давидович,
Воскресенский Всеволод
Леонидович, Смирнова Л. В.,
Барамидзе Важа Шалвович
Большая Тульская улица,
дом 2
Ⓜ Тульская

Здание президиума Российской Академии наук
1974–1994
Платонов Юрий Павлович,
Батырева А. А., Барщ Людмила
Алексеевна, Захаров С. А.,
Звездин А. И., Никифоров А. С.
Левенштейн А. А.
Ленинский проспект,
дом 32а
Ⓜ Ленинский проспект

Дом Патриарх
1997–2002
Ткаченко Сергей Борисович
Литвинова Анна Григорьевна,
Косьмина Надежда Васильевна
Ермолаевский переулок,
владение 15/44
Ⓜ Маяковская

Жилой комплекс Посольский дом
2004
Скокан Александр Андреевич,
Гнездилов Андрей Леонидович,
Копытова Елена Николаевна,
Елизарова Мария Александровна,
Матвеенко Михаил Анатольевич,
Соболева Ольга
Митюков Михаил
Борисоглебский переулок,
дом 13, строение 3
Ⓜ Арбатская

Римский Дом
2002–2005
Филиппов Михаил Анатольевич,
Филиппова Т. Г., Тарасевич Н. Ю.
2-й Казачий переулок, дом 4,
строение 1
Ⓜ Полянка

Жилой комплекс Аэробус
2004–2007
Плоткин Владимир Ионович,
Гусарев Сергей, Успенский
Сергей, Бутусов Андрей,
Кузнецова Елена
Кочновский проезд,
владение 4
Ⓜ Аэропорт

Барвиха Luxury Village и Театр Mercury
2004–2008
Проект Меганом,
Григорян Юрий Эдуардович
Московская область,
поселок Барвиха

Деловой центр Белая Площадь
2006–2009
Левянт Борис Владимирович,
Шабанов Всеволод,
Крючков Сергей, Груздев Олег,
Szymon Wojciechowski,
Witold Dudek
Улица Лесная, дом 5
Ⓜ Белорусская

Бизнес-центр и студия театрального искусства Фабрика Станиславского
2004–2010
Джон МакАслан, ADM
Улица Станиславского, дом 21
Ⓜ Таганская

Московская школа управления Сколково
2006–2010
Adjaye Associates, Дэвид Аджайе,
Архитектурная студия А–Б
Московская область,
Одинцовский район,
деревня Сколково,
улица Новая, дом 100
Ⓜ Славянский бульвар

Многофункциональный жилой комплекс на Мосфильмовской

2006–2012
Скуратов Сергей Александрович,
Некрасов Сергей, Ильин Иван
Юрьевич, Ковалева Ю.,
Груздева Т., Карповский П.,
Нигматулин А., Пашкевич В.,
Шульц В., Фролов Ю.
Улица Пырьева, владение 2
Ⓜ Парк Победы

Музей современного искусства Гараж (ранее – ресторан Времена года)
2011–2015
ОМА, Рем Колхас,
Головатюк Екатерина,
BuroMoscow
Крымский вал, дом 9,
строение 32
Ⓜ Октябрьская

Бизнес-центр Dominion Tower
2012–2015
Заха Хадид, Патрик Шумахер,
Кристос Пассас,
Лютомский Николай Вадимович
Шарикоподшипниковская
улица, дом 5, строение 1
Ⓜ Дубровка

Административный комплекс Завод АРМА (ранее – Московский Газовый завод)
2012–2015
Лабутин Владимир Сергеевич,
Медведев Алексей,
Серебряников Михаил,
Груздева Татьяна,
Логоватовский Сергей,
Хайкина Наталья,

Харитонова Галина, Каминская
Ирина, Савелова Анна,
Джантимирова Вероника,
Добрев Александр,
Петрова Деница, Фролов Юрий
Коршунов Александр, Аксенова
Ольга, Шварцман Игорь,
Буромских Вадим, Кулик Андрей
Нижний Сусальный переулок,
дом 5
Ⓜ Курская

Жилой комплекс Садовые кварталы
2010–2018
Скуратов Сергей Александрович,
Панёв Александр Владимирович,
Асадов Никита, Безверхий
Сергей Дмитриевич, Голубев
Игорь Васильевич, Ильин
Иван Юрьевич, Кирьянова
Марина Павловна, Овсянникова
Наталья Сергеевна, Шалимов
Павел, Щепетков Иван
Николаевич, Алендеев Артем
Валерьевич, Тирских Евгений
Иванович, Левина Юлия
Борисовна, Чурадаев Антон
Александрович, Горобец
Анжелика Анатольевна,
Гуськова Евгения Владимировна,
Дегтярева Яна, Ковалева Ю.,
Коньков Алексей Юрьевич,
Архитектурное бюро
Остоженка (Скокан Александр
Андреевич), БЮРО:500 –
Куренной Алексей Михайлович,
Проект Меганом – Григорян
Юрий Эдуардович и др.,
Архитектурная мастерская
SPEECH – Чобан Сергей Э. и др.,

А-Б Студия – Савин Андрей и др.,
ТПО Резерв – Плоткин Владимир
Ионович и др.
Улица Усачёва, к. 2/1–4, 3/1–9
Ⓜ Фрунзенская

Московский международный деловой центр Москва-Сити
1996–2018
Чобан Сергей Энверович,
Петер Швегер,
Эрик ван Эггераат, NBBJ,
SOM (Skidmore, Owings and
Merrill), Сирота Геннадий
Львович, Michael Debernard,
Вехби Инан, Олджай Остюрк,
Архитектурная мастерская
SPEECH (Чобан Сергей
Энверович, Ильин Алексей),
Тхор Борис Иванович,
Проектный институт № 2,
Травуш Владимир Ильич,
Френк Уильямс, Посохин Михаил
Васильевич, Тони Кеттл,
RMJM Scotland Limited,
Моспроект 6, Swanke Haydell
Connen Architects, Вернер Зобек
Москва, Моспроект–2 имени
М. В. Посохина, Сергей Скуратов
Architects, Цимайло,
Ляшенко и Партнеры
Пресненская набережная
Ⓜ Деловой центр

Annex

Name
Years
Architect(s)
Engineer(s) / constructor(s)
Address

Operator of the drone –
Aleksandr Kavderko.
If marked with * the operator
is Dmitry Vasilenko.

**Shukhov Radio Tower
(Shabolovskaya Radio Tower)**
1919–1922
Vladimir Grigorievich Shukhov
37/7 Shabolovka Street
Ⓜ Shabolovskaya

Melnikov Studio House
1927–1929
Konstantin Stepanovich Melnikov
10 Krivoarbatsky Lane
Ⓜ Smolenskaya

Rusakov Workers' Club
1927–1929
Konstantin Stepanovich Melnikov
6 Stromynka Street
Ⓜ Sokolniki

Kauchuk Factory Club
1927–1929
Konstantin Stepanovich Melnikov
Genrikh Georgievich Karlsen
64/6 Plyushchikha Street,
building 1
Ⓜ Frunzenskaya

Zuev Workers' Club
1927–1929
Ilya Aleksandrovich Golosov
18 Lesnaya Street
Ⓜ Belorusskaya

**Khavsko-Shabolovsky
Residential Complex**
1927–1930
*Nikolay Travin, I. L. Yosefovich,
V. I. Bibikov, Boris Nikolaevich
Blokhin, Samuel Yakovlevich
Aizikovich, Georgy Yakovlevich
Volfenzon, E. E. Volkov, S. A. Nosov,
A. V. Barulin, S. P. Leontovich*
Lesteva Street, buildings
13/3; 15/1, 2; 19/1, 2; 21/2;
Shabolovka Street, buildings:
63/2; 65/2; 67; Serpukhovsky
Val, buildings 22/2, 3; 24/1, 2; 28
Ⓜ Shabolovskaya

**Government House
(House on the Embankment)**
1928–1931
*Boris Mikhailovich Iofan,
Dmitry Mikhailovich Iofan*
2 Serafimovich Street
Ⓜ Borovitskaya

**Narkomfin (People's
Commissariat of Finance)
semi-collectivised housing
complex**
1928–1932
*Moisei Yakovlevich Ginzburg,
Ignaty Frantsevich Milinis*
Sergey Lvovich Prokhorov
25/1 Novinsky Boulevard
Ⓜ Barrikadnaya

**Krasnye Vorota Metro Station
(South Entrance)**
1935
Nikolay Aleksandrovich Ladovsky
21/1 Sadovaya-Spasskaya Street
Ⓜ Krasnye Vorota

**Tsentrosoyuz (Soviet Central
Union) Building***
1928–1936
*Le Corbusier,
Nikolay Dzhemsovich Kolli*
39/1 Myasnitskaya Street
Ⓜ Turgenevskaya

**Frunze Military Academy
(now – Combined Arms
Academy of the Armed
Forces of the Russian
Federation)**
1932–1937
*Lev Vladimirovich Rudnev,
Vladimir Oskarovich Munts*
4 Devichye Polye Alley
Ⓜ Kievskaya

**Worker and Kolkhoz Woman
Sculpture**
1937
*Boris Mikhailovich Iofan,
artist Vera Ignatyevna Mukhina*
123b Mir Avenue (Prospekt Mira)
Ⓜ VDNKh

Northern River Port Terminal
1932–1937
*Aleksey Mikhailovich Rukhlyadev,
Vladimir Fedorovich Krinsky*
51 Leningradskoe Highway
Ⓜ Rechnoy Vokzal

Likhachev Palace of Culture
1931–1937
*Aleksandr Aleksandrovich Vesnin,
Viktor Aleksandrovich Vesnin,
Leonid Aleksandrovich Vesnin*
4/1 Vostochnaya Street
Ⓜ Avtozavodskaya

Dinamo Water Stadium
1938
Gennady Yakovlevich Movchan
39/6 Leningradskoe Highway
Ⓜ Vodny Stadion

Gorbunov Palace of Culture
1931–1938
Yakov Abramovich Kornfeld
27 Novozavodskaya Street
Ⓜ Bagrationovskaya

Rodina Movie Theatre
1937–1938
*Yakov Abramovich Kornfeld,
Viktor PetrovychKalmykov*
5 Izmailovsky Val
Ⓜ Semenovskaya

**Entrance Building of the
Dinamo Metro Station**
1938
Dmitry Nikolaevich Chechulin
Ⓜ Dinamo

**Yauza Sluice
(Syromyatnichesky
waterworks No. 2)**
1936–1939
Georgy Pavlovich Golts
4/1 Akademik Tupolev
Embankment
Ⓜ Chkalovskaya

Azhurny (Burov's) House
1936–1940
Andrey Konstantinovich Burov,
Boris Nikolaevich Blokhin
27 Leningradsky Avenue
Ⓜ Dinamo

Central Theatre of the Red
Army (now – Central Academic
Theatre of the Russian Army)
1934–1940
Karo Semenovich Alabyan,
Vasily Nikolaevich Simbirtsev
2 Suvorovskaya Square
Ⓜ Dostoevskaya

Residential Building of
the Kuibyshev Military
Engineering Academy
1934–1941
Ilya Aleksandrovich Golosov
16/2–2 Podkolokolny Lane
Ⓜ Kitay-Gorod

Lomonosov Moscow State
University's Main Building
1949–1953
Lev Vladimirovich Rudnev,
Vsevolod Nikolaevich Nasonov,
Sergey Egorovich Chernyshev,
Pavel Vasilyevich Abrosimov,
Aleksandr Fedorovich Khryakov
1 Leninskie gory
Ⓜ Universitet

Central Pavilion of the
Exhibition of Achievements of
National Economy (VDNKh),
Pavilion No. 1
1954
Yuri Vladimirovich Shchuko,

Evgeny Alekseevich Stolyarov
119/1 Mir Avenue (Prospekt Mira)
Ⓜ VDNKh

Pavilion No. 32–34, Space /
Machine Engineering
(formerly Mechanisation)
of the Exhibition of
Achievements of National
Economy (VDNKh)
1939–1954
Viktor Semjonovich Andreev,
Ivan Georgievich Taranov,
Nadezhda Aleksandrovna Bykova
119/34 Mir Avenue (Prospekt Mira)
Ⓜ VDNKh

All–Union Central Council of
Unions Headquarters Building
1931–1958
Aleksandr Vasilyevich Vlasov
42/1–2–3 Leninsky Avenue
Ⓜ Vorobyovy Gory

Studencheskaya Metro Station
1958
Yuri Zenkevich,
Rimidalv Ivanovich Pogrebnoy
M. V. Golovinova
Ⓜ Studencheskaya

Moscow Palace of Pioneers
(now – Moscow State Palace of
Child and Youth Creativity)
1958–1962
Viktor Sergeevich Egerev,
Vladimir Stepanovich Kubasov,
Feliks Aronovich Novikov,
Igor Aleksandrovich Pokrovsky,
Boris Vladimirovich Paluy,
Mikhail Nikolaevich Khazhakyan,

Yuri Ivanovich Ionov
17 Kosygin Street
Ⓜ Universitet

Ostankino Television Tower
1960–1967
Leonid Ilyich Batalov,
Dmitry Ivanovich Burdin,
Moisey Abramovich Shkud,
Nikolay Vasilyevich Nikitin,
Lev Nikolaevich Shchipakin,
Boris Alekseevich Zlobin
15/2 Akademik Korolev Street
Ⓜ Butyrskaya

USSR pavilion at the Expo 67
in Montreal (Pavilion No. 70
of the Exhibition of
Achievements of National
Economy (VDNKh))
1967
Mikhail Vasilyevich Posokhin,
Ashot Ashotovich Mndojants,
Boris Ivanovich Tkhor
A. N. Kondratiev
119/70 Mir Avenue
(Prospekt Mira)
Ⓜ VDNKh

Kalinin Avenue (New Arbat)
1962–1968
Mikhail Vasilyevich Posokhin,
Ashot Ashotovich Mndojants,
Gleb Vasilyevich Makarevich,
Boris Ivanovich Tkhor,
Shagen Aleksandrovich Airapetov,
Igor Aleksandrovich Pokrovsky,
Yu. Popov
11, 15, 19, 21 Novy Arbat
Ⓜ Arbatskaya

Great Moscow State Circus
1971
Jakov Borisovich Belopolsky,
Efim Petrovich Vulykh,
Vladimir Iosifovich Khavin,
Stepan Khristoforovich Satunts,
S. S. Feoktistov, Aleksey
Fedorovich Sudakov, V. Vasilyev
G. Krivin, A. Levenshteyn, Georgy
Semenovich Khromov, V. Berezin,
Yuri Abramovich Dykhovichny
7 Vernadsky Avenue
Ⓜ Universitet

Residential Complex House
of the New Way of Life
(now – Moscow State
University's Hostel for
Postgraduates and Interns)
1965–1971
Natan Abramovich Osterman,
A. V. Petrushkova, I. N. Kanaeva,
Grigory Konstantinovsky,
Genrikh Georgievich Karlsen
S. I. Kershteyn, V. N. Shapiro,
A. V. Khoreva
19 Shvernik Street
Ⓐ Krymskaya

Moscow Institute of Civil
Aviation Engineers (now –
Moscow State Technical
University of Civil Aviation)
1976
Eduard Petrovich Putintsev
20 Kronshtadtsky Boulevard
Ⓜ Vodny Stadion

Lebed Experimental
Residential Complex*
1967–1973

Andrey Dmitrievich Meerson,
Elena Veniaminovna Podolskaya,
A. Repety, I. Fedorov
B. Lyakhovsky, A. Gordon,
D. Morozov, B. Samodov
29–35 Leningradskoe Highway
Ⓜ Baltiyskaya

Main Computer Centre of the State Planning Committee (Gosplan) of the USSR*
1966–1974
Leonid Nikolaevich Pavlov,
Lidiya Yuryevna Gonchar,
A. P. Semenov, O. A. Trubnikova
12 Akademik Sakharov Avenue
Ⓜ Krasnye Vorota

Central Square of Zelenograd
1975
Igor Aleksandrovich Pokrovsky
1 Tsentralnaya Square

Zhiguli Car Service Station*
1967–1977
Leonid Nikolaevich Pavlov,
Lidiya Yuryevna Gonchar,
Elena Semenovna Kopeliovich,
R. E. Chertov, S. M. Geller
E. B. Garmsen, A. S. Lesnevsky,
V. P. Trostin
170g Varshavskoe Highway
Ⓜ Annino

Round House on Dovzhenko Street
1979
Evgeny Nikolaevich Stamo
6 Dovzhenko Street
Ⓜ Park Pobedy

Hotel Cosmos
1976–1979
Viktor Semenovich Andreev,
T. G. Zaikin, Vladimir
Vjacheslavovich Steiskal,
O. Kagub, P. Jouglet, S. Jepshteyn
150 Mir Avenue (Prospekt Mira)
Ⓜ VDNKh

Natalya Sats Musical Theatre
1975–1979
Aleksandr Aleksandrovich
Velikanov, V. M. Orlov,
Vladilen Dmitrievich Krasilnikov
S. Belov, Yu. Gurov
5 Vernadsky Avenue
Ⓜ Universitet

Universal Sports Hall Friendship
1979
Igor Evgenyevich Rozhin,
Ju. V. Bolshakov, V. Tarasevich,
V. Pontryagin, D. Sokolov
Yu. Rozovsky, T. Rud,
L. Kharitonov, E. Zhukovsky,
V. Shabaya
24/5 Luzhnetskaya Embankment
Ⓜ Vorobyovy Gory

Krylatskoe Sports Complex Velodrome
1976–1979
Nina I. Voronina
Aleksandr G. Osepnnikov
Victor Khandzhi,
Yu. S. Rodichenko, V. A. Borodin,
I. V. Lisitsyn, M. V. Savitsky
10 Krylatskaya Street
Ⓜ Molodezhnaya

Museum of the Moskvitch Automobile Plant (AZLK)
1975–1980
Yuri Andreevich Regentov
42 Volgogradsky Avenue
Ⓜ Tekstilshchiki

Dinamo Sports Palace
1977–1980
Evgeny Grigoryevich Rozanov,
Vladimir Veniaminovich
Milashevsky, I. A. Mikhalev,
Evgeny Konstantinovich Chivikov
Yu. G. Gerchikov, D. Leontiev,
Vladimir Ilyich Travush,
Yu. G. Fridman
32 Lavochkin Street
Ⓜ Rechnoy Vokzal

Olympic Press Centre (now – News Agency Rossiya Segodnya)
1977–1980
V. K. Antonov, Igor Mikhailovich
Vinogradsky, A. S. Dubrovsky,
Yu. V. Kalmykov, V. M. Orlov,
Semen Faibisovich
Mikhail Moiseevich Berklayd,
Sergey Pavlovich Khadzhibaronov,
E. Soldatov, N. Gorshkova
4 Zubovsky Boulevard
Ⓜ Park Kultury

House of Soviets of Russia, House of the Government of the Russian Federation (White House)
1965–1981
Dmitry Nikolaevich Chechulin,
Pavel Pavlovich Shteller,
V. Marsin

2 Krasnopresnenskaya
Embankment
Ⓜ Krasnopresnenskaya

North Chertanovo Residential Complex*
1975–1982
Mikhail Vasilyevich Posokhin,
Lev Karlovich Dyubek,
Abram Genrikhovich Shapiro,
Lev Valentinovich Misozhnikov,
Alfred Rudolfovich Kegler
D. Demidov, I. Belavin, S. Kernshteyn
Severnoe Chertanovo
Ⓜ Chertanovskaya

Offices of the Moscow Metro
1982
Andrey Ivanovich Taranov,
Vladimir Moiseevich Ginzburg
41/2 Mir Avenue (Prospekt Mira)
Ⓜ Prospekt Mira

Moscow Youth Palace (MDM)
1972–1982
Yakov Borisovich Belopolsky,
Maksim Evgenyevich Belenya,
Mikhail Mikhaylovich Posokhin,
Vladimir Iosifovich Khavin
28 Komsomolsky Avenue
Ⓜ Frunzenskaya

Lenin Museum in Gorki Leninskiye*
1977–1984
Leonid Nikolaevich Pavlov,
Lidiya Yuryevna Gonchar
L. A. Muromtsev, N. Arkhangelsky
Moscow Region, Leninsky
District, village Gorki Leninskiye

**M. M. Shemyakin –
Yu. A. Ovchinnikov Institute
of Bioorganic Chemistry***
1976–1984
*Yuri Pavlovich Platonov,
Leonid Aleksandrovich Ilchik,
A. Panfil, I. Shulga*
16/10 Miklukho-Maklay Street
Ⓜ Belyaevo

Taganka Theatre
1974–1985
*Aleksandr Viktorovich Anisimov,
Yuri Petrovich Gnedovsky,
Boris Tarantsev, S. Ulyanova
V. Belitsky, I. Gerasimov, Rudolf
Ivanovich Murashkin, L. Anchin,
N. Marov, Yu. I. Ionov*
76/21–1 Zemlyanoy Val
Ⓜ Taganskaya

Orlov Museum of Paleontology*
1972–1987
*Yuri Pavlovich Platonov,
V. M. Kogan, V. P. Nagikh,
L. A. Jakovenko
F. Grinev, S. Kievsky*
123 Profsoyuznaya Street
Ⓜ Teply Stan

**Residential Complex Bolshaya
Tulskaya (House of the Nuclear
Scientists)**
1981–1990
*Vladimir Davidovich Babad,
Vsevolod Leonidovich
Voskresensky, L. V. Smirnova,
Vazha Shalvovich Baramidze*
2 Bolshaya Tulskaya Street
Ⓜ Tulskaya

**Presidium of the Russian
Academy of Sciences**
1974–1994
*Yuri Pavlovich Platonov,
Lyudmila Alekseevna Barshch,
A. A. Batyreva, S. A. Zakharov,
A. I. Zvezdin, A. S. Nikiforov
A. A. Levenshteyn*
32a Leninsky Avenue
Ⓜ Leninsky prospekt

Patriarch Residential Building
1997–2002
*Sergey Borisovich Tkachenko
Anna Grigoryevna Litvinova,
Nadezhda Vasilyevna Kosmina*
15/44 Ermolaevsky Lane
Ⓜ Mayakovskaya

**Ambassador House
Residential Complex**
2004
*Alexander Andreevich Skokan,
Andrey Leonidovich Gnezdilov,
Elena Nikolaevna Kopytova,
Maria Aleksandrovna Elizarova,
Mikhail Mityukov*
13/3 Borisoglebsky Lane
Ⓜ Arbatskaya

**Roman House
Residential Complex**
2002–2005
*Mikhail Anatolyevich Filippov,
T. G. Filippova, N. Yu. Tarasevich*
4/1 Second Kazachy Lane
Ⓜ Polyanka

Aerobus Residential Complex
2004–2007
Vladimir Ionovich Plotkin,

*Sergey Gusarev, Sergey Uspensky,
Andrey Butusov, Elena Kuznetsova*
4 Kochnovsky Alley
Ⓜ Aeroport

**Barvikha Luxury Village and
Mercury Theatre**
2004–2008
*Project Meganom,
Yuri Eduardovich Grigoryan*
Moscow Region, village Barvikha

White Square Office Centre
2006–2009
*Boris Vladimirovich Levjant,
Vsevolod Shabanov,
Sergey Kryuchkov,
Oleg Gruzdev, Szymon
Wojciechowski,
Witold Dudek*
5 Lesnaya Street
Ⓜ Belorusskaya

**Stanislavsky Factory
Business Centre and Theatre
Art Studio**
2004–2010
John McAslan + Partners
21 Stanislavsky Street
Ⓜ Taganskaya

**Moscow School of Management
Skolkovo**
2006–2010
*Adjaye Associates, David Adjaye,
Architectural Office A–B Studio*
Moscow Region, Odintsovo
District, village Skolkovo,
100 New Street
Ⓜ Slavyansky Bulvar

**Residential Complex at
Mosfilm Film Studio**
2006–2012
*Sergey Aleksandrovich Skuratov,
Sergey Nekrasov, Ivan Yuryevich
Ilyin, Yu. Kovaleva, T. Gruzdeva,
P. Karpovsky, A. Nigmatulin,
V. Pashkevich, V. Shults, Yu. Frolov*
2 Pyrev Street
Ⓜ Park Pobedy

**Garage Museum of
Contemporary Art**
2011–2015
*OMA, Rem Koolhaas, BuroMoscow
Ekaterina Golovatyuk,*
9/32 Krymsky Val
Ⓜ Oktyabrskaya

**Dominion Tower Office
Building**
2012–2015
*Zaha Hadid, Patrik Schumacher,
Christos Passas,
Nikolay Vadimovich Lyutomsky*
5/1 Sharikopodshipnikovskaya
Street
Ⓜ Dubrovka

**ARMA Factory Office Complex
(formerly Moscow Gas Plant)**
2012–2015
*Vladimir Sergeevich Labutin,
Aleksey Medvedev, Mikhail
Serebryannikov, Tatyana
Gruzdeva, Sergey Logovatovsky,
Natalya Khaykina, Galina
Kharitonova, Irina Kaminskaya,
Anna Savelova, Veronika
Dzhantimirova, Aleksandr Dobrev,
Denitsa Petrova, Yuri Frolov*

Alexander Korshunov,
Vadim Buromskikh,
Andrey Kulik, Olga Aksenova,
Igor Shvartsman,
5 Nizhny Susalny Lane
Ⓜ Kurskaya

Garden Quarters Residential Complex
2010–2018
Sergey Aleksandrovich Skuratov, Aleksandr Vladimirovich Panev, Nikita Asadov, Sergey Dmitrievich Bezverkhy, Igor Vasilyevich Golubev, Ivan Yuryevich Ilyin, Marina Pavlovna Kiryanova, Natalya Sergeevna Ovsyannikova, Pavel Shalimov, Ivan Nikolaevich Shepetkov, Artem Valeryevich Alendeev, Evgeny Ivanovich Tirskikh, Yuliya Borisovna Levina, Anton Aleksandrovich Churadaev, Anzhelika Anatolyevna Gorobets, Evgeniya Vladimirovna Guskova, Yana Degtyareva, Yu. Kovaleva, Aleksey Yuryevich Konkov, Ostozhenka – Aleksander Andreevich Skokan, Bureau: 500 – Aleksey M. Kurennoy, Project Meganom – Yuri Eduardovich Grigoryan et al., SPEECH – Sergey Enverovich Tchoban et al., Studio A-B – Andrey Savin et al., Creative Union Reserve – Vladimir Ionovich Plotkin et al.
2/1-2/4, 3/1-3/9 Usachev Stret
Ⓜ Frunzenskaya

International Business Centre Moscow City
1996–2018

Sergei Enverovich Tchoban, Peter Schwager, Erick van Egeraat, NBBJ, SOM (Skidmore, Owings and Merrill), Gennady Lvovich Sirota, Michael Debernard, Vehbi Inan, Oldzhay Ostyurk, SPEECH architectural bureau (Sergei Enverovich Tchoban, Aleksey Ilyin), Boris Ivanovich Tkhor, Proektny institut No. 2, Vladimir Ilyich Travush, Frank Williams, Mikhail Vasilyevich Posokhin, Tony Kettle, RMJM Scotland Limited, Mosproekt 6, Swanke Hayden Connell Architects, Werner Sobek Moskwa, Mosproekt–2 named after M. V. Posokhin, Sergey Skuratov Architects, Architectural Office Tsimailo Lyashenko and Partners
Presnenskaya Embankment
Ⓜ Delovoy Tsentr

Издатель и авторы альбома стремились привести информацию об архитекторах, инженерах и конструкторах объектов в формате «Фамилия, имя и отчество». Но, к сожалению, в некоторых случаях нам не удалось установить полные имена, и мы были вынуждены указать их в сокращенном формате. Приносим читателям свои извинения.

The publisher and authors were aiming to bring information about all architects, engineers and constructors in the format of *first name, patronym, surname*. Unfortunately, in some cases we were unable to establish the full names, and we had to specify them in a reduced format. We bring our apologies to the readers.

Verlag und Autoren haben sich bemüht, die Angaben zu allen Architekten und Ingenieuren mit vollständigen Nennungen (Vor-, Vaters- und Familienname) zusammenzutragen. In Einzelfällen konnten leider nur unvollständige Namen ermittelt werden. Wir bitten um Nachsicht. Alle russischen Eigennamen werden zur besseren Lesbarkeit im Deutschen gemäß der Duden-Umschrift wiedergegeben, sofern sie nicht bereits in einer anderen Schreibweise international etabliert sind.

Немецкая национальная библиотека внесла данное издание в *Немецкую национальную библиографию*; подробные библиографические данные см. в интернете *http://dnb.d-nb.de*

ISBN 978-3-86922-625-5 (Русское изд.)

© 2017 by DOM publishers, Берлин
www.dom-publishers.com

Консультанты
Борис Кондаков, Нина Фролова

Корректура
Марианна Жезмер

Верстка
Масако Томокийо

Печать
UAB BALTO print, Вильнюс
www.baltoprint.com

The *Deutsche Bibliothek* lists this publication in the *Deutsche National-bibliografie*; detailed bibliographic data is available on the internet at *http://dnb.d-nb.de*

ISBN 978-3-86922-608-8 (English ed.)

© 2017 by DOM publishers, Berlin
www.dom-publishers.com

Consultants
Boris Kondakov, Nina Frolova

Proofreading
Laura Thépot

Design
Masako Tomokiyo

Printing
UAB BALTO print, Vilnius
www.baltoprint.com

Die *Deutsche Nationalbibliothek* verzeichnet diese Publikation in der *Deutschen Nationalbibliografie*; detaillierte bibliografische Daten sind abrufbar über *http://dnb.d-nb.de*

ISBN 978-3-86922-501-2 (Deutsche Ausgabe)

© 2017 by DOM publishers, Berlin
www.dom-publishers.com

Fachliche Beratung
Boris Kondakow, Nina Frolowa

Korrektorat
Adil Dalbai

Grafische Gestaltung
Masako Tomokiyo

Druck
UAB BALTO print, Vilnius
www.baltoprint.com